中央编译局文库编辑委员会

主　　任：贾高建
副 主 任：魏海生　柴方国　季正聚　崔友平
委　　员（按姓氏笔画排序）：
　　　　　冯　雷　牟建君　杨雪冬　沈红文　张凤宝
　　　　　陈家刚　胡长栓　郗卫东　葛海彦

马克思主义经典著作研究读本
主　编　杨金海　李惠斌

马克思《工资、价格和利润》研究读本

史清竹

《马克思主义经典著作研究读本》顾问委员会

贾高建　俞可平　柴方国　庄福龄　陈先达　赵家祥　詹汝琮
李洙泗　张钟朴　冯文光　安启念　韩庆祥　李小兵　张曙光

《马克思主义经典著作研究读本》编委会

主　编　杨金海　李惠斌
副主编　薛晓源　林进平
编　委　（按姓氏拼音排序）
　　　　　曹典顺　冯　章　韩立新　江　洋　姜海波
　　　　　李百玲　吕梁山　苗永姝　聂锦芳　闫月梅
　　　　　杨学功　姚　颖　张　盾　张云飞　郑　锦

总　序

呈献给读者的这套"马克思主义经典著作研究读本"丛书，旨在立足于21世纪中国和世界发展的现实，对马克思、恩格斯、列宁重要著作以及有关专题思想重新进行较为深入的研究和解读，供广大读者特别是致力于深入研究马克思主义经典作家原著的读者阅读使用。计划出版40种，三年内陆续完成编写和出版工作。

马克思主义经典著作是学习和研究马克思主义理论的基础文本，历来为人们所重视。在我国学术史上，曾编写和出版过不少关于经典著作的读本，包括各种注释性读本和导读性读本，对学习和研究马克思主义理论发挥过重要作用。然而，随着时代的发展，这些读本也越来越显出历史局限性。比如，以往对经典著作的解读视角较旧，对马克思主义理解不够全面；解读的经典著作范围较小，视野有限；解读所依据的文献不足，深度不够等。进入新世纪以来，特别是自2004年中央实施马克思主义理论研究和建设工程以来，马克思主义经典著作的教学、研究以及普及工作不断加强，这就迫切要求对经典著作重新进行解读。

同时，这些年我国学界有关经典著作的翻译和研究成果不断推出，为更好地解读经典著作提供了可能。改革开放以来，特别是进入新世纪以来，随着我国社会主义现代化建设以及人类文明的深入推进，我们对马克思主义的理解以及对经典著作的研究不断深化，解读视角发生重大转变，对马克思主义的理解更加全面。例如，以往由于受革命实践的影响，我们较多地从社会主义"革命"视角去解读，而较少从社会主义"建设"视角去解读，因此，较多地注重研究其中的阶级斗争、无产阶级革命和无产阶级专政等理论，而较少研究社会和谐发展、人的全面发展等思想。革命胜利后，仍然沿袭了这种解读模式。这就造成了对马克思主义理解的片面性。实际上，马克思主义经典著作中有丰富的新社会建设思想，恰恰是这些长期被忽视的思想对我们今天的社会主义建设实践来说更有意义。近些年来，我国学者自觉地从"建设"视角研究经典著作基本观点，取得了一系列可喜成就。又如，过去对经典著作的解读主要限于对若干重要经典著作的解读，如对《共产党宣言》等五六部名著有较为详细的解读，对其他著作的解读不多。即使有收文较多的导读性读本，但常常由于篇幅所限，也只能对这些著作进行简要介绍，不可能对每一部著作展开研究。近些年来，这种情况在逐步发生变化。研究经典著作的专题成果越来越多。再如，近年来新的经典著作编译成果和相关研究成果不断推出，大大拓宽了人们对经典著作基本观点的理解。加之这些年我国学界一大批优秀的中青年学者成长起来，他们的外语水平较高，知识储备较多，研究方法较新等，对经典著作的研究和理解也更有新意。这些都为更好地解读经典著作提供了新的时代条件。

为了继承前人研究的成果，弥补以往研究的不足，总结这些年我国学界编译、研究经典著作的成果和经验，比较全面系统地解读和阐释经典著作的基本观点，中央编译局专门成立了"马克思主义经典著作及其重大理论问题研究"课题组，并对该项研究提供了基金资助。课题组不仅在局内组织力量进行研究，而且向社会公开招标，争取到社会力量的支持，一批有造诣的中青年专家参与到课题研究中来。经过课题组同仁两年多努力，已经形成一批研究成果，并将继续补充、完善并陆续推出。这套"马克思主义经典著作研究读本"丛书就是这些成果的集中体现。

本丛书力求体现如下特点，这也是丛书编著工作所力求遵循的原则：第一，体现全面性和系统性。本丛书不仅对经典作家的名著进行解读，也对其他重要著作进行解读，还要对经典作家的一些重要思想，如马克思的人类学思想、列宁的新经济政策理论等，进行专题梳理和解读。不仅从"革命"视角，而且从"建设"视角，全面、系统地梳理经典作家的思想观点。力求使这套丛书成为收文最全面、解读最系统、最能够反映经典作家著作全貌的学术成果。第二，突出文献性和考证性。每一研究读本的写作，力求充分反映国内外有关研究成果，特别是要充分反映我国新时期在经典著作翻译和研究方面所发现的新文献、取得的新成果。在此基础上，要对经典著作形成的历史背景、国内外传播、原著重要思想观点及其流变，以及后人对这些观点的理解等，进行考证研究。如果说过去的解读主要是"注"的话，那么，这套读本则要进一步体现"疏"的特点。通过这种"注疏"性考据研究，不仅使读者知其然，也知其所以然。这样，也能够为学界进一步研究提供尽可能丰富的文献资料。第三，力求权威性和准确性。一方面，研究读本所依据的经典著作文本力求具有权威性和准确性。主要依据中央编译局所编译的最新译本，如《马克思恩格斯全集》第二版、《马克思恩格斯文集》、《列宁全集》第二版、《列宁专题文集》等。对还没有新译文的文本，可以采用旧译文。同时，适当参照外文版本，进行比较研究。另一方面，所依据的其他文献资料，也力求具有权威性和准确性。要选择国内外在该研究领域最具权威性的专家学者的最具代表性的观点和最有影响力的文章。

基于上述考虑，本丛书采取大致统一的研究和写作框架。除导论外，各个读本均有五个部分组成。一是历史考证部分，其中包括写作背景、国内外主要版本和传播考证等；二是研究状况部分，包括对国内外已有的研究情况进行梳理；三是当代解读部分，包括对经典著作的内容简介，对已有研究观点的疏正，对重要理论观点及其当代意义的阐述；四是原著选编部分，根据经典著作的不同情况，或采取全选的形式，或采取节选的形式，均采用中央编译局的最新译本，个别读本同时选编原著的旧文本，以方便比较研读；五是附录部分，包括3到5篇关于本著作的国内外有一定权威性的研究文章，以及进一步研究需要参考和阅读的文献资料。

需要说明的是，对于经典著作的研究，往往会有仁者见仁、智者见智的情况。所以，尽管我们在组织编写工作中努力体现上述原则，但这些读本的观点不一定都具有代表性，更不可能与每一位读者的观点完全一致。加之作者研究角度不同，水平各异，每一读本的结构、篇章、内容、观点都不尽相同，其权威性程度也不尽一致。其中很可能有疏漏和错误之处，谨请读者批评指正。

该丛书在编写和出版过程中，得到了各个方面的大力支持。中央编译局对此项工作高度重视，始终给予鼎力支持。国家出版基金将该丛书列入2012年资助项目。中央编译出版社为该丛书申报国家出版基金项目并最终立项，以及为丛书出版做了大量工作。本丛书中收入的译著和文章的译者、作者和出版者同意我们使用相关的著作版权。该项目顾问委员会的专家对丛书的编写工作给予热情指导，编委会成员和课题组同仁为丛书的编写付出了辛勤劳动。在此一并致以衷心的谢意！

《马克思主义经典著作研究读本》
编辑委员会
2013年6月16日

目 录

导 论 ·· 1

第一部分 历史考证 ·· 3

第一章 历史背景 ·· 5
一 社会历史背景 ·· 5
二 理论背景 ·· 9

第二章 出版与传播 ·· 14
一 国外主要版本和传播情况 ··· 14
二 国内主要版本及其传播情况 ······································· 28

第二部分 研究状况 ·· 39

第三章 国外研究状况 ·· 41
一 西方学者对马克思劳动力商品理论的批评和反批评 ······ 41
二 西方学者对马克思工资理论的评价与责难 ··················· 42
三 西方学者对资本主义经济关系中的实际问题进行评析 ··· 44

第四章 国内研究状况 ·· 46
一 对马克思的价格理论及其当代价值的研究 ··················· 46
二 马克思工资理论的时代意义 ······································· 47

第三部分　当代解读 49

第五章　《工资、价格和利润》的基本内容 51
　　一　生产和工资 52
　　二　生产、工资、利润 55
　　三　工资和通货 60
　　四　供给和需求 63
　　五　工资和价格 64
　　六　价值和劳动 66
　　七　劳动力 70
　　八　剩余价值的生产 73
　　九　劳动的价值 74
　　十　利润是按照商品的价值出卖商品获得的 76
　　十一　剩余价值分解成的各个部分 77
　　十二　利润、工资和价格的一般关系 79
　　十三　争取提高工资或反对降低工资的几个主要场合 80
　　十四　资本和劳动的斗争及其结果 83

第六章　当代解读 87
　　一　经济学原理的通俗解读 87
　　二　经济斗争的意义和局限 91
　　三　资本与劳动的斗争仍在继续 92

第四部分　经典著作选编 95

卡·马克思　工资、价格和利润 97
马克思关于《工资、价格和利润》的一封信 143
《工资、价格和利润》报告结束时提出的决议草案 146

第五部分　附　录 ·· 149

附录Ⅰ　研究文献精选 ·· 151

一　〔德〕R.黑克尔："正确位置上的正确人选"——记马克思在第一国际工人协会中的活动 ·· 151

二　〔苏〕伊佐拉·格·卡兹明纳：马克思写作《资本论》第二卷和第三卷的若干情况 ·· 161

三　〔苏〕B.B.维戈茨基：1863—1865年马克思最终使用"劳动力"概念 ··· 172

四　马克思和恩格斯为第一国际的创建所作的贡献——《马克思恩格斯全集》历史考证版第1部分第20卷前言 ············ 173

附录Ⅱ　延伸阅读书目 ··· 203

导 论

《工资、价格和利润》是马克思的一部重要的政治经济学论著,在这部著作中,马克思扼要而通俗地阐述了《资本论》中的一些重要原理,说明了剩余价值的形成过程和工资的实质,揭示了资本家对工人进行剥削的秘密。

《工资、价格和利润》是马克思于1865年6月20日和27日在国际工人协会中央委员会会议上用英语作的报告。中央委员会委员约·韦斯顿在5月2日和23日的发言中企图证明,货币工资水平的普遍提高对工人没有好处。马克思于1865年5月20日—6月24日写成这篇报告稿,批驳了韦斯顿的错误观点。在这篇报告中,马克思从以下三方面着手进行论述:

首先,在这部著作中,马克思简要阐述了政治经济学批判的基本原理,劳动价值论和剩余价值论的基本原理,都在这部著作中得到了通俗地阐释。在对古典政治经济学进行充分研究的基础上,当时马克思已完成了他的价值理论并以此为基础论述了劳动力商品和剩余价值的生产。后来,马克思在《资本论》第三册手稿中阐述了剩余价值怎样通过价值规律转变为利润、利息和地租,并形成一般利润率。

其次,在这部著作中,马克思分析了资本主义发展表现出的新特征,运用了大量数据、事例、事实来说明资产阶级对工人阶级的剥削。马克思在1865年5月20日至6月24日期间撰写了这个报告,他密密麻麻地写满了16页稿纸。报告分两部分,分别于1865年6月20日和27日进行,随后在6月和8月又花了5个晚上的时间来讨论。马克思对这个报告做了精心准备，他阅读了英国作者的一系列作品，并在自己的笔记本上写下札记和算式，他还从自己对《资本论》的广泛研究中搜集材料。例如，在报告的第一部分，马克思直接分析了韦斯顿的理论，尤其是他关于提高工资的斗争会导致生活必需品涨价的错误观点，即韦斯顿认为工资取决于对生活必需品的最低需求。马克思还利用英国统计数据证实，由于《十小时工作日法案》，随着工资提高，工业产品和农产品价格出现了下降。

最后，在这部著作中，马克思对政治经济学进行了批判性的研究，其目的是为了运用科学的理论，指导工人的实践活动，从而进行卓有成效的经济斗争和政治斗争。马克思潜心研究经济学，发现资本主义生产规律，揭示资本主义社会的本质特征，归根结底是为了用经济理论武装无产阶级，推动工人运动的发展。例如，在报告第三部分，马克思在阐述了他对政治经济学基本范畴的理解的基础上，将对劳动力商品价值特殊性的研究视为工会斗争重要的理论依据，决定劳动力商品价值的不仅有物质因素，而且有历史和社会因素。因此工人阶级必须抵制把劳动价值降到最低水平。

1898年马克思的女儿爱琳娜把两次报告的手稿以《价值、价格和利润》书名用英文首次在伦敦发表。后在出版德文本时，定名为《工资、价格和利润》，在西方世界多次再版重印。1922年，《工资、价格和利润》的中文译本问世，开启了这部著作在中国出版和传播的历史。这篇最初为报告的论著，因其通俗易懂、篇幅短小，而得到广泛传播，也推动了中国学者和民众对马克思主义政治经济学的学习和研究。

虽然一个半世纪过去了，资本主义国家和世界局势都发生了深刻的变化，但是，马克思主义理论特别是马克思主义政治经济学的基本理论没有过时，我们仍然有必要对其进行深刻地研究，用以分析经济现象，探索科学真理，指导我们的实践。所以，重读《工资、价格和利润》仍然具有重大的理论意义和现实意义。

第一部分 历史考证

第一章 历史背景

《工资、价格和利润》发表于19世纪后半叶,当时资本主义经济取得了快速的发展,工人与资本家之间的矛盾更加尖锐,国际工人运动进入新阶段。与此同时,在劳动与资本进行斗争的过程中,出现了一些干扰工人阶级斗争的错误思潮。

一 社会历史背景

19世纪中后期,欧洲资本主义经济迅速发展,主要资本主义国家之间相互竞争日趋激烈。欧洲工人运动和民主运动重新高涨,1864年成立了国际工人协会,1871年巴黎公社起义,社会主义工人政党和组织在欧美各国相继建立。马克思和恩格斯在潜心进行理论研究的同时,积极指导国际工人运动,通过批判各种错误思潮,总结工人阶级斗争的经验教训,进一步丰富和发展了马克思主义。

(一)19世纪中后期欧洲资本主义的发展

19世纪60年代初期,欧洲各资本主义国家的经济有了很大发展。当时英国工业生产占世界第一位,有"世界工场"之称,法国这时也完成了工业革命,德国资本主义也迅速发展起来了。但是,资本主义的这种发展,是构筑在对工人阶级进行残酷剥削和横暴掠夺基础上的,工人阶级和资产阶级之间的贫富悬殊越来越严重。工人劳动非常繁重,劳动条件和居住条件十分恶劣,伤亡事故层出不穷,贫困饥饿达到了难以生活下去的程度，在英国，贫民窟、贫民收容所和工厂成为社会生活中的最黑暗角落。马克思尖锐地指出："在这种'令人陶醉的'经济进步时代，在不列颠帝国的首都，饿死几乎成为一种常规。"① 工人阶级政治上的无权地位和经济上的悲惨处境加剧了资本主义国家的阶级矛盾。特别是 1857 年资本主义世界性经济危机，又给工人阶级带来深重的灾难，阶级矛盾更加激化了。这就促使工人运动从 1848 年革命失败后的暂时低潮迅速走向新的高涨，工人阶级反对资产阶级的经济斗争和政治斗争在欧洲各国风起云涌。1859 年，英国伦敦建筑工人要求把工作日缩减为 9 小时的大罢工，得到全国各行各业工人的支持；1864 年，法国工人继 1862 年巴黎印刷工人大罢工以后，经过一系列的罢工斗争，又迫使政府废除了 1791 年 6 月通过的禁止工人罢工和集会结社自由的反动法令；1865 年，德国莱比锡印刷工人也举行了大罢工。这个时期，欧洲其他一些国家，如意大利、比利时、瑞士、西班牙、丹麦等国的工人运动也日益蓬勃发展，正如马克思指出的那样："目前大陆上正流行一种真正的罢工流行病，增加工资的要求已成为普遍的要求。"②

当时，在工人运动中，如何对待工人阶级的经济斗争和政治斗争，存在着两条路线的激烈斗争。各国工人运动内部的机会主义派别，竭力鼓吹劳资合作，反对工人罢工，特别是反对工人进行政治斗争，妄图把工人运动引向歧路。这种斗争，直接反映到第一国际内部。英国工联集会主义的首领们竭力宣扬"做一天公平的工作，得一天公平的工资"的改良主义口号，把工人运动局限在争取缩短工时、提高工资等经济斗争的范围内，反对工人阶级进行政治斗争。韦斯顿正是站在机会主义路线一边，否认经济斗争的必要性，否认工人进行罢工斗争和组织工会必要性的一个人。

---

① 《马克思恩格斯全集》第 21 卷，北京：人民出版社 2003 年版，第 11 页。
② 同上书，第 157 页。

(二) 第一国际工人协会的活动

从 1864 年到 1872 年，马克思在国际工人协会中积极活动，他是第一国际实际上的领导人，为第一国际起草了《成立宣言》和《共同章程》。《成立宣言》阐明了国际工人协会成立的目的和意义，用事实论证了资本主义制度下无产阶级和资产阶级的对立，阐明了工人阶级组织的作用以及工人阶级国际团结的重要意义，强调夺取政权已成为工人阶级的伟大使命。《共同章程》规定了国际工人协会的原则、目标、手段和组织机构，强调工人阶级的解放应该由工人阶级自己去争取；无产阶级在反对有产阶级的斗争中必须建立与一切旧政党不同的政党，才能作为一个阶级来行动，保证社会革命的胜利。

《国际工人协会宣言》由马克思起草，1864 年 11 月 1 日由国际工人协会总委员会通过。载有《宣言》和《临时章程》的小册子于 11 月 24 日出版 1000 册。德国版由马克思亲自翻译，题为《给欧洲工人阶级的宣言》，它先是刊登在 1864 年 12 月 21 日和 30 日柏林《社会民主党人报》上，载有《宣言》的报纸发行了 5 万份。文献在欧洲所有国家迅速传播，1868 年开始使用《成立宣言》这一正式名称。

在国际工人协会成立初期，马克思利用《资本论》的准备材料，为国际工人协会撰写了题为《工资、价格和利润》的报告。他通过宣讲自己的政治经济学思想纠正国际内部的错误思潮。马克思对这个报告做了精心准备，他阅读了英国作者的一系列作品，并在自己的笔记本上写下札记和算式。当然，他还可以从自己对《资本论》的广泛研究中搜集材料，马克思当时已完成了他的价值理论并能以此为基础论述劳动力商品和剩余价值的生产。马克思在《资本论》第三册手稿中阐述了剩余价值怎样通过价值规律转变为利润、利息和地租，并形成一般利润率。

中央委员会成员成了马克思公开宣讲自己新的理论认识的见证者或恰当地说是聆听者。马克思报告的第一部分直接分析了韦斯顿的理论，尤其是他关于提高工资的斗争会导致生活必需品涨价的错误观点，即韦斯顿认为工资取决于对生活必需品的最低需求。马克思利用英国统计数据证实，由于《十小时工作日法案》，随着工资提高，工业产品和农产品价格还出现了下降。马克思在报告第二部分也就是真正的理论部分阐述了他对政治经济学基本范畴的理解，对劳动力商品价值特殊性的研究成为工会斗争最重要的理论依据，决定劳动力商品价值的不仅有物质因素，而且有历史和社会因素。因此，工人阶级必须抵制把劳动价值降到最低水平的行为。

约翰·韦斯顿，英国工人运动的活动家，欧文主义信徒，职业是木匠，后来变成工厂主。1864—1872年为第一国际总委员会委员，并担任过财务委员的职务。1865年夏，第一国际总委员会召开会议，讨论指导当时工人运动的路线问题。韦斯顿在5月2日和23日的会议上两次发言，坚持认为工人工资水平的普遍提高，会引起物价上涨，并竭力反对工人举行罢工斗争，甚至认为可以不要工会。马克思在1865年5月20日给恩格斯的信中，把韦斯顿的发言归纳为两点：（1）工资率的普遍提高对工人不会有任何好处；（2）由于这一点以及其他原因，工联所起的作用是有害的。很明显，韦斯顿的观点，在理论上是完全错误的，在实践中是极端有害的。工人阶级绝对不能接受韦斯顿的谬论，"如果被接受，那么，我们就将在这里的工联和现在大陆上流行的罢工潮面前闹大笑话"①，如果接受这种谬论，蓬勃发展的罢工斗争将被扼杀，工人运动将遭受巨大损失。在这种情况下，为了排除机会主义思潮对当时工人运动的干扰，使第一国际和整个国际工人运动沿着革命路线前进，马克思带病参加了第一国际总委员会1865年6月20日和27日召开的两次会议，作报告批判了韦斯顿的错误，后来形成《工资、价格和利润》一书。

马克思的《工资、价格和利润》，虽然是直接批判韦斯顿的发言，

---

① 《马克思恩格斯文集》第10卷，北京：人民出版社2009年版，第229页。

但决不仅限于对一个人的错误观点的批判,而是批判了当时的各种机会主义特别是英国工联主义的路线错误。这部著作,是在无产阶级反对资产阶级、马克思主义路线反对机会主义路线的激烈斗争中诞生的,是国际工人运动两条路线斗争经验的总结。它对第一国际内部深入开展反对错误路线的斗争,对确定19世纪60年代重新高涨的国际工人运动的方向,对制定工人阶级为争取解放而斗争的纲领、路线和方针,都起了重要作用,推动了各国无产阶级反对资产阶级的革命斗争不断向前发展。

二 理论背景

从思想史发展的角度来看,马克思的经济学研究建立在对古典政治经济学批判的继承的基础之上,劳动价值论、剩余价值论、工资利润理论等都从古典政治经济学中汲取了养分,扬弃其不合理的成分,深入探讨符合时代特征的真实问题,最终形成独具特色的马克思主义经济学的理论体系。可以说,古典政治经济学是马克思《工资、价格和利润》的理论资源和理论背景。另一方面,从更加直接和切近的角度来讲,在发表《工资、价格和利润》的演讲之前,马克思致力于《资本论》的创作,为了整理其经济学思考的成果,马克思写下了《1861—1863年经济学手稿》,这部手稿成为《工资、价格和利润》这部著作最直接的理论背景。

(一) 古典政治经济学是《工资、价格和利润》的理论背景

伴随着17到18世纪产业革命的浪潮,欧洲特别是英国和法国资本主义生产力得到空前发展,代表资产阶级利益的经济学也随之发展起来,资产阶级经济学家将研究聚焦于产业部门,挖掘社会经济活动的联系和规律,建立了一套古典政治经济学的理论体系。古典政治经济学家

从威廉·配第开始，经亚当·斯密到大卫·李嘉图，他们的研究重视劳动在生产中的作用，建立了劳动价值论的理论体系，其工资和利润分配的理论以劳动价值论为基础，结合阶级分析的方法，提出了劳动者以工资形式获取劳动价值，而所有产品剩余都以利润的形式归资本家所有，揭示了工人的工资与资本家的利润是相互对立的。古典经济学中的工资和利润分配的思想在马克思那里得到了继承和发展，一方面马克思同样认为工资和利润之间是此消彼长的关系，另一方面，马克思进一步发展了古典政治经济学中的工资和利润分配的思想，提出剩余价值理论，深刻地揭示了资本主义剥削的实质。

以劳动价值论为基础的古典政治经济学为马克思论述工资、价格和利润之间的关系提供了思想源泉和理论基础。古典政治经济学家试图从理论上说明资本主义制度下财富增长与财富分配之间的关系。

威廉·配第最早提出劳动价值论，认为商品的价值决定于生产商品所消耗的劳动时间，认为劳动是商品价值的源泉。其后，亚当·斯密区分了商品的使用价值和交换价值，并在商品二元论的基础上提出了价值二元论思想。一方面，斯密认为商品的价值决定于生产商品时所需要耗费的劳动；另一方面，他又认为商品的价值等于它使占有者能够购买或支配的劳动量，或等于它所能购买到的"劳动的价值"。斯密明确提出商品价值包括工资、利润和地租三个部分，相应的，他认为在资本和土地成为生产要素之后，社会劳动产品就由资本所有者、土地所有者和劳动者共同分割。其后，李嘉图否定了斯密的二元价值论，他认为劳动价值论适用于一切社会，商品价值是由劳动者创造的价值和生产资料转移的价值两部分构成，即由新创造的价值和转移的价值两部分构成。但是，李嘉图在工资理论上却没能更加深入，他停留在将工资看作劳动的价值，认为工资是劳动者出卖劳动的报酬，这就造成李嘉图在理论上无法解释剩余价值的产生。其工资价格理论是马克思工资理论的直接思想源泉，同时也为马克思从理论上构建剩余价值规律留下了超越的空间。

马克思批判地继承了古典政治经济学劳动价值论,并在其基础上区分了劳动价值和劳动力价值,他指出工资是劳动力的价格,是劳动力价值的表现形式。马克思将工资定义为劳动力价值的表现形式,工资的多少取决于维持工人所需要的基本生活资料和养育后代所需要的价值,资本家预付给工人的工资与维持工人所需要的基本生活资料的价值相等,劳动价值和劳动力价值的差额被资本家以利润的形式无偿占有。至此,马克思在继承古典劳动价值论的基础上,解决了李嘉图价值论中难以说明的剩余价值的来源问题、劳动与资本的不等价交换等问题,形成了科学的劳动价值论和工资利润分配理论。

(二)《1861—1863年经济学手稿》是《工资、价格和利润》的直接思想背景

在《资本论》出版前,除了1859年出版的《政治经济学批判》第一分册是马克思公开发表自己的理论成果之外,马克思没有公开发表其他经济学研究成果。《工资、价格和利润》是马克思于1865年6月20日和27日在国际工人协会上用英语宣读的长篇报告,主要批评国际工人协会总委员会约翰·韦斯顿反对工人进行经济斗争的错误观点。马克思在报告中驳斥了韦斯顿关于提高工人工资会引起物价上涨和整个社会生产破产的理论观点,并从正面阐述了自己关于剩余价值生产的理论观点,论述了利润、工资和价格的一般关系,并据此提出了工人革命的政治主张。这是马克思又一次公开发表自己的政治经济学理论。

马克思极力表明,通常工资的提高不会影响商品价格;由于资本主义生产的趋势是降低平均工资水平,那么工联的压力对抵制这些侵占是必须的;当然,工联应该永远记住工人阶级的最后解放,也就是最终消灭工资制度。在论证时,马克思融入了大量《资本论》手稿中的材料,特别是他的剩余价值理论,在这里是第一次被公开阐述。

《资本论》的创作,为《工资、价格和利润》的诞生奠定了理论基础。1865年,在发表《工资、价格和利润》时,马克思正在紧张地进

行着《资本论》的创作。在 1865 年之前，马克思已经完成的《资本论》手稿即《1861—1863 年经济学手稿》是马克思进行《工资、价格和利润》演讲的直接理论背景。从 1861 年 8 月到 1863 年 7 月，马克思写下了总标题为"政治经济学批判"、小标题为"第三章　资本一般"的庞大的手稿，一共 23 个笔记本，1472 页。这就是被称为《资本论》第二手稿的《1861—1863 年经济学手稿》，这部手稿的内容在马克思主义经济学理论体系的创立中占有特别重要的地位。

第一，在《1861—1863 年经济学手稿》中，马克思进一步完善了劳动力商品理论。事实上，早在《1857—1858 年经济学手稿》中，马克思就已经提出了"劳动能力"的概念，到了《1861—1863 年经济学手稿》，马克思进一步全面考察了劳动力商品形成的条件、劳动力商品的价值和特点，建立了科学的劳动力商品理论，从而为科学地揭示剩余价值的来源奠定了理论基础。

第二，在《1861—1863 年经济学手稿》中，马克思进一步丰富了对两种剩余价值生产的分析。在《1857—1858 年经济学手稿》中，马克思就已经区分了两种剩余价值，并且做出了一些初步的分析，侧重点在绝对剩余价值。到了《1861—1863 年经济学手稿》中，马克思对两种剩余价值的生产及其相互作用做了进一步的分析。在相对剩余价值生产的分析上取得了重要的进展，主要表现在：马克思第一次详细考察了资本主义生产方式下生产力发展、劳动生产力提高的三种主要途径和方式，即协作、分工和机器；马克思还全面分析了这三种提高劳动力的途径和方式给劳资关系带来的影响，论证了劳动对资本从形式上的从属到实际上的从属关系的转变，基本上建立起了系统的相对剩余价值理论。马克思所提供的思想和方法，是我们今天正确认识科学技术在当代资本主义发展中的地位和作用的重要思想基础。在绝对剩余价值生产的分析方面，马克思在原有的基础上，大量引用英国共产观察员的报告，用事实证明了资本对工人剩余劳动的无偿占有，揭露了资本家对工人的残酷剥削，论证了资本与劳动的尖锐对立。

第三，在《1861—1863年经济学手稿》中，马克思第一次建立了资本积累范畴，并在此基础上对相对过剩人口进行了理论分析；马克思进一步深化了资本流通过程的分析，初步建立了社会资本再生产理论；马克思还完善了关于利润、平均利润和利润率下降规律的理论，对商业利润进行了首次考察。

马克思在《工资、价格和利润》中扼要而通俗地阐述了《资本论》中的一些重要原理，说明了剩余价值的形成过程和工资的实质，阐述了工人阶级开展经济斗争的必要性，同时强调要把经济斗争和政治斗争结合起来，最终消灭雇佣劳动制度，这些思想是在写作《1861—1863年经济学手稿》同时期形成的，可以说，《1861—1863年经济学手稿》是《工资、价格和利润》的直接理论来源，《资本论》的创作是《工资、价格和利润》报告诞生的理论背景。

第二章 出版与传播

一 国外主要版本和传播情况

(一)《工资、价格和利润》英文版最初在伦敦出版

《工资、价格和利润》最初是马克思于1865年6月20日和27日在国际工人协会中央委员会会议上用英语作的报告。目前保存下来的报告稿是马克思的手稿,没有标题,开头写有:"1865年6月20日星期二向中央委员会宣读",全文由作者分为十四节。1898年,报告由马克思的女儿爱琳娜·马克思-艾威林以《价值、价格和利润》为标题在伦敦发表,并附有爱琳娜的丈夫爱德华·艾威林写的序言。在序言中,他将这部著作称为《资本论》第一卷的浓缩版,并且当时该文的德文版翻译已经完成。其中,引言和前六节在手稿中没有标题,出版时所用的标题是由爱琳娜加上的。

自1859年马克思的第一部经济学研究著作《政治经济学批判》发表以来,马克思虽然潜心进行经济学研究多年,写下了大量的经济学研究手稿,其中包括《1857—1858年经济学手稿》、《1863—1864年经济学手稿》等大量内容丰富的经济学研究成果,并且持续进行《资本论》的创作,但是在1859年之后,马克思并没有公开发表其经济学研究成果。而且即使在演讲之后,为了避免与即将出版的《资本论》重复,虽然有人建议马克思发表演讲稿,但在马克思有生之年并没有发表这篇

讲稿。所以，1865年的演讲，马克思公开地、简明地宣讲自己的经济学研究成果，是公众得以一窥马克思经济学思想的一个难得机会。《工资、价格和利润》的首次发表是在马克思去世之后，也是在《资本论》第1卷出版之后，但是这篇报告的发表，一方面让读者，特别是普通百姓通过通俗易懂的形式了解马克思的经济学思想，具有大众传播的意义；另一方面，这篇演讲稿是马克思经济学研究进程中的一个过程，还没有达到《资本论》的成熟程度，马克思的经济学思想还在进步中，所以这篇演讲稿也是理解马克思经济学思想形成史的一个活的里程碑，通过对比研究，可以发现马克思经济学思想的进展路径，具有重要的学术意义。

（二）德译本

这篇报告的德译文发表在1897—1898年《新时代》第16年卷第2册，由爱·伯恩施坦从英文翻译成德文，采用的标题是《工资、价格和利润》。

1926年德文版《工资、价格和利润》封面

1926年、1951年，柏林分别出版了德文版的《工资、价格和利润》。

（三）《马克思恩格斯全集》历史考证版

1. 在MESW I 中，《工资、价格和利润》占了50页。

2. 在MEGA^{2}中，《工资、价格和利润》在第1部分第20卷，由迪茨出版社在柏林出版。

（四）俄文版

1947年，莫斯科国营政治学图书出版局出版了俄文版的《工资、价格和利润》。

（五）英文版

1.《价值、价格和利润：对工人的讲话》，爱琳娜·马克思-艾威林编，E.艾威林写序，芝加哥、伦敦版。

Value, Price and Profit: Addressed to Working Men. Edited by Eleanor Marx Aveling. Preface by Edward by Eleanor Marx Aveling. Preface by Edward Aveling. Chicago: Charles H. Kerr & Co. 1935；London: George Allen & Unwin, 1925, 1951.

芝加哥，1935年英文版

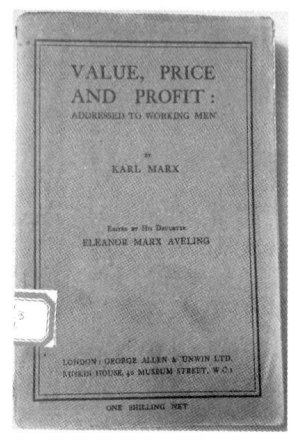

伦敦，1925年英文版

2. 《工资、价格和利润》纽约、莫斯科版

Value, *Price and Profit*. New York: Universal Distributors, 1947; Moscow: Foreign Languages Publishing House, 1947.

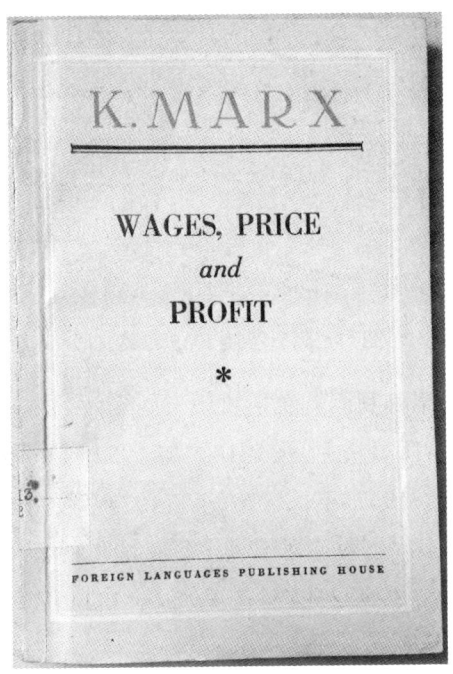

莫斯科，1953 年英文版

3. 《价值、价格和利润》，爱琳娜·马克思-艾威林编，L.桑尼亚尔写导言，D.德里昂写序，纽约新版。

Value, *Price and Profit*: *Addressed to Workingmen*, Edited by Eleanor Marx Aveling.Introduction by Lucien Sanial. Preface by Daniel De Leon. New edition. New York: New York Labor News Co.1933.

4. 《工资、价格和利润：对工人的讲话》，爱琳娜·马克思-艾威林编，莫斯科、纽约版。

Value, *Price and Profit*.: *Addressed to Workingmen*. Edited by Eleanor Marx Aveling. Moscow: Co-operative Publishing Soviety of Foreign Workers in the U.S.S.R.1933, New York: International Publishers Co. 1969.

纽约国际出版社 1935 年英文版

5.《工资、价格和利润》莫斯科版

莫斯科前进出版社先后于 1947 年、1952 年、1953 年、1955 年、1957 年、1961 年、1967 年、1970 年、1974 年、1976 年、1978 年、1981 年和 1985 年多次出版英文版《工资、价和利润》。

Value, Price and Profit. Moscow, Progress Publishers, 1970.

莫斯科前进出版社 1967 年英文版

第一部分　历史考证

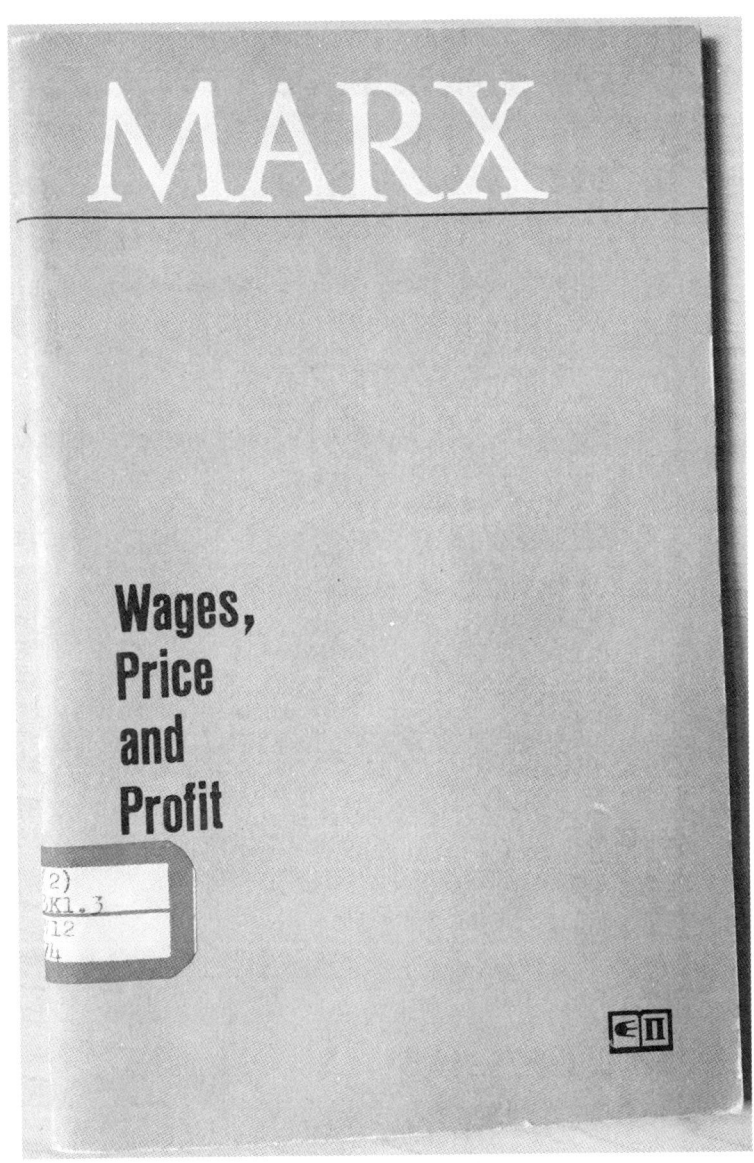

莫斯科前进出版社 1974 年英文版

马克思《工资、价格和利润》研究读本

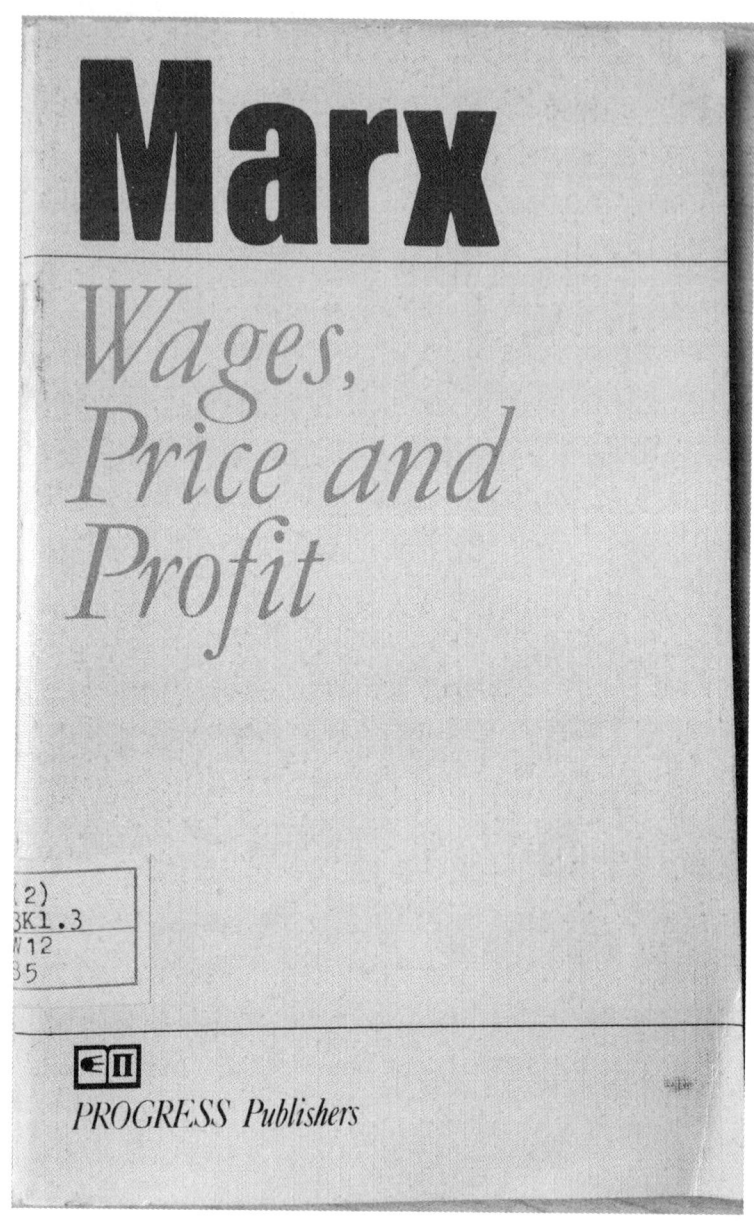

莫斯科前进出版社 1985 年英文版

（六）《马克思恩格斯选集》中收录《工资、价格和利润》的情况

《工资、价格和利润》在《马克思恩格斯全集》和《马克思恩格斯选集》的各种外国版本中，也多有收录。以下列举几个选集中的收录情况。

1. 《马克思恩格斯选集》英文版第1卷（全2卷）第283页到337页收录了《价值、价格和利润》（Value, Price and Profit），由纽约国际出版社（New York International Publishers）出版，未收录艾威林所作的序言，在这本书的注释1中，较为详细地交代了该文成文的背景和过程，简要介绍了韦斯顿的观点，以及马克思在本书中对韦斯顿的观点进行的有针对性的批判。

2. 1955年莫斯科外语出版社（Foreign Languages Publishing House）出版的《马克思恩格斯选集》第1卷第398页至447页，收录了《工资、价格和利润》，该版本以1898年出版的英文版本为依据，并对照参考了马克思的英文手稿。

3. 1969年莫斯科前进出版社（Progress Publishers）出版的三卷本《马克思恩格斯选集》第2卷中第31页到第76页收录了《工资、价格和利润》，该版本依据1898年的英文版本编辑。在注释中对报告的背景和成文过程进行了介绍。

4. 1970年莫斯科前进出版社（Progress Publishers）出版的《马克思恩格斯选集》单卷本第185—226页收录了《工资、价格和利润》，该版本依据1898年的英文版进行编辑，与1969年出版的三卷本《马克思恩格斯选集》中的版本相同。在注释中简要介绍了本报告的背景和成文过程。

（七）我国外文出版社出版的外语版

1965年，我国外文出版社出版了几种外语版本的《工资、价格和利润》，其中包括英语、德文、俄文、法文等多种语言的版本。这些外

文版本的出版和发行，扩大了本书的传播范围，也推动了马克思主义思想的国际性传播。

《工资、价格和利润》德文版（外文出版社 1974 年版）

第一部分　历史考证

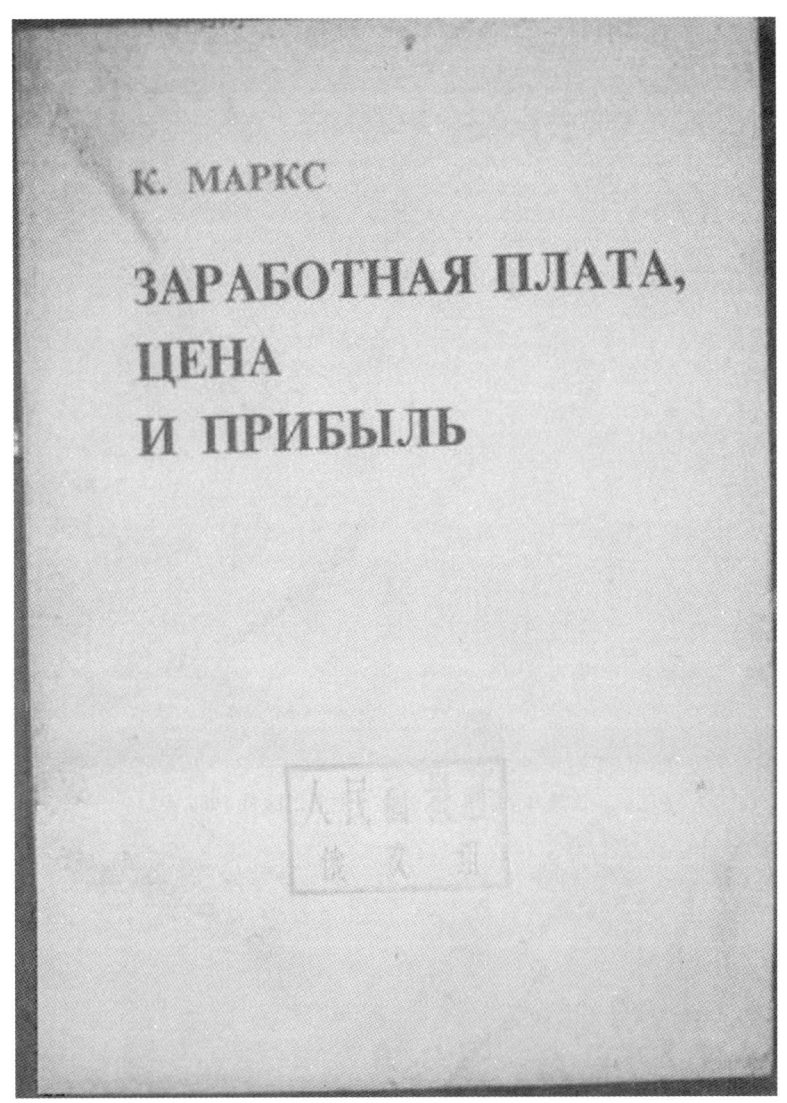

《工资、价格和利润》俄文版（外文出版社 1975 年版）

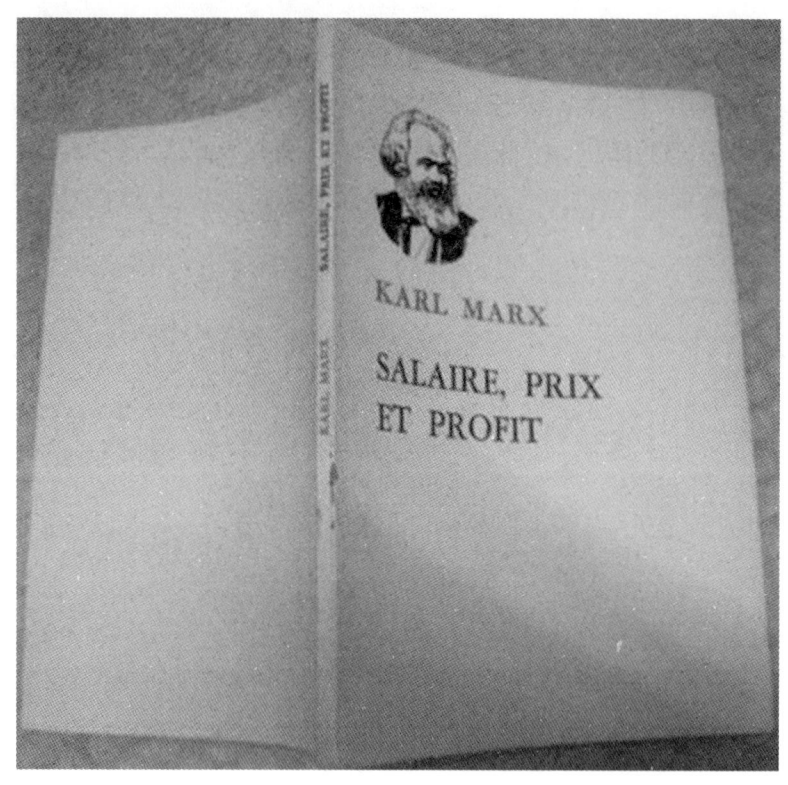

《工资、价格和利润》法文版（外文出版社 1966 年版）

第一部分 历史考证

《工资、价格和利润》英文版(外文出版社 1996 年版)

马克思《工资、价格和利润》研究读本

《工资、价格和利润》英文精装版（外文出版社 1965 年版）

第一部分　历史考证

《工资、价格和利润》英文版（外文出版社 1965 年版）

二　国内主要版本及其传播情况

《工资、价格和利润》这部著作是马克思于 1865 年 6 月直接针对国际会员韦斯顿的错误观点在国际工人协会总委员会会议上用英文做的报告，是马克思的重要政治经济学著作之一。马克思在这部著作里扼要而通俗地叙述了他的经济学说的原理，揭示了剩余价值的实质。马克思的这部著作很早就传入中国，出现多个译本，反复再版。

（一）单行本译本

1. 1922 年上海商务印书馆出版了由李季译、陶孟和校的该著作的中译本，书名为《价值、价格和利润》，是这部著作第一次在中国发行单行本全译本，为当时先进的中国人学习和研究马克思主义政治经济学提供了最早的资料。

2. 1929 年上海泰东书局出版了朱应祺、朱应会的中译本，书名为《工资价格及利润》，定价五角。该书采用竖版繁体字印刷。在书前的"译者小引"中，译者写道："本书是马克斯一八六五年六月二十六日在国际劳动总务委员会席上的一篇演说文章。当时马氏不过五十岁，距今约六十余年，两年后，即一八六七年《资本论》第一卷也已出版，所以他的经济学体系那时已就成熟了。这书原稿是英文的，是马克斯死后所发现的遗稿，不是他生前出版的。编订分节都是马克斯的幼女伊利诺（Elernor Marx Aveling）及他的女婿爱底瓦得（Edward Aveling）两人的功夫。英文原本标题为《价值价格及利润》（*Value Price and Profit*）。德文本子是本斯泰因（Bernstein）所翻译的，标题为 *Tohn Preis Und Profit*，本丛书现依德国译本翻译，因此，就题为《工资价格及利润》。说到本书的内容，总可算是马克斯经济学的骨子，又可说是《资本论》的缩略。页数虽少，而《资本论》上的重要问题大概都已涉及。尤其《资本论》第一卷与第三卷的主要部分，更简明的叙述出来。又剩余价值学说史上所讨论的许多问题也于本书的第八章及第十一章中,明白解释。所以研究马克斯经济学的人不可不读《资本论》,而研究《资本论》的人不可不先把这本小册子反复熟读,所以我们把他译出,作为马克斯研究丛书的第四种。"① 这里提到的《马克斯研究丛书》指19世纪30年代泰东书局出版的一套马克思学术著作,其中包括《马克斯的经济概念》、《马克斯的民族、社会及国家概念》、《马克思的伦理概念》、《马克思的工资劳动与资本》和《马克思的国家发展过程》等书,较早地向中国介绍和传播了马克思的著作和思想。

朱应祺翻译的《工资价格及利润》于1949年由世界文化出版社再版。

1949年,世界文化出版社再版

---

① 马克思:《工资价格及利润》,朱应祺、朱应会译,上海:上海泰东图书局出版1929年版,第1页。

3. 1950年王学文、何锡麟译的译本，系根据英文本译出，书名为《价值、价格和利润》，全书四万四千字。本书于1950年2月三联书店（上海）初版，1953年12月由人民出版社仍以三联书店名义出版（平装 0.22 元）。该版本多次再版重印，各版之间有细微差别。

1950年第 1 版，第 1 次印刷

1950年2月第2版,第2次印刷

马克思《工资、价格和利润》研究读本

1950年2月第1版,1953年12月第5次印刷

4. 中央编译局翻译的单行本。由中央编译局翻译、人民出版社出版的单行本《工资、价格和利润》是按照《马克思恩格斯全集》中文版第16卷中所载译文排印的，后有注释20条（1版4次后改为19条），全书共四万三千字。本书初版于1964年4月，第1—3次印刷（平装0.19元）时均未署译者名。1965年1月另出精装本（0.68元）。1971年11月第1版第4次印刷时开始署名，至1975年10月为第1版第7次印刷（平装0.17元）。另外，本书于1964年6月及1971年12月曾两次出版过16开大字本（前平装0.5元，后平装0.6元）。

1964年人民出版社出版

1965年人民出版社出版

第一部分　历史考证

1972年人民出版社出版

（二）被收录著作集

1.《马克思恩格斯全集》第 1 版第 16 卷第 111 页至 169 页，收录了《工资、价格和利润》。该版《工资、价格和利润》从俄文翻译过来，题页注明"原文是英文，俄文是按手稿译的"。主要是根据《马克思恩格斯全集》俄文版第二版第十六卷（1960 年出版）翻译和校订的，并参考了《马克思恩格斯文选》（两卷集）中文版的有关译文。在这一篇的题注中标明："这部著作是卡·马克思于 1865 年 6 月 20 日在总委员会会议上用英语作的报告。这篇报告是由委员会委员约翰·韦斯顿 5 月 2 日和 23 日的发言引起的；韦斯顿在发言中企图证明，货币工资水平的普遍提高对工人没有好处，并由此做出工会'有害'的结论。保存下来的报告稿是马克思的手稿。报告由马克思的女儿爱琳娜以'价值、价格和利润'（*Value*，*Price and Profit*）为题于 1898 年首次在伦敦发表，并附有 E.艾威林写的序。手稿中引言和前 6 节没有标题，由艾威林加上了标题。在收入本卷时，除了总标题以外，这些小标题都保留下来了。"①

2.《马克思恩格斯全集》第 2 版第 21 卷第 155 页至 212 页收录了《工资、价格和利润》。这一中文版本根据《马克思恩格斯全集》1992 年历史考证版第 1 部分第 20 卷进行翻译，原文是英文，于 1898 年以小册子形式在伦敦出版。在题注中标明："这是马克思于 1865 年 6 月 20 和 27 日在国际工人协会中央委员会会议上用英文作的报告。中央委员会委员约·韦斯顿在 5 月 2 和 23 日的发言中企图证明，货币工资水平的普遍提高对工人没有好处，并由此做出工会'有害'的结论。马克思遂于 1865 年 5 月 20 日—6 月 24 日写成这篇报告，报告中不仅揭穿了商品价格取决于工资水平这一虚假理论，而且阐明了马克思主义政治经济学的许多关键问题。保存下来的报告稿是马克思的手稿，没有标题，

---

① 《马克思恩格斯全集》第 16 卷，北京：人民出版社 1964 年版，第 733 页。

开头写着:'1865年6月20日星期二向总委员会宣读'。全文由作者用阿拉伯数字分为十四节。这篇报告在马克思生前没有出版过。因为他担心发表这篇报告,会过早地挪用他当时正在紧张写作的《资本论》中的一些重要原理。1898年,报告由马克思的女儿爱琳娜以《价值、价格和利润》为题首次在伦敦发表,并附有爱·艾威林写的序。引言和前六节在手稿中是没有标题的,由艾威林加上了标题。在本卷中,除了总标题以外,这些小标题都保留下来了。这篇报告的德译文发表在1898年《新时代》第6年第2册,由伯恩斯坦翻译的德译文用的标题是《工资、价格和利润》。"①

3.《马克思恩格斯文集》第3卷第25页至78页收录了《工资、价格和利润》,这个版本是根据《马克思恩格斯全集》历史考证版第1部分第20卷并参考《马克思恩格斯全集》德文版第16卷翻译,原文于1898年以小册子的形式在伦敦出版。这一版本的题注内容更加丰富:"《工资、价格和利润》是马克思的一部重要的政治经济学论著。马克思在这部著作中扼要而通俗地阐述了《资本论》中一些重要原理,说明了剩余价值的形成过程和工资的实质,揭示了资本家对工人进行剥削的秘密。他指出,资本家的本质是追求最大限度的利润,工人阶级必须不断为提高工资和缩短工作日而斗争,才能对资本家的贪欲有所抑制,才能防止自己的地位不断恶化。在深刻论证工人阶级开展经济斗争的必要性和重要性的同时,马克思也指出了经济斗争的局限性,强调要把经济斗争和政治斗争结合起来。他指出,单纯的经济斗争反对的只是结果,而不是产生这种结果的原因,工人'应当摒弃做一天公平的工作,得一天公平的工资!这种保守的格言,要在自己的旗帜上写上革命的口号:消灭雇佣劳动制度!'。本文是马克思于1865年6月20日和27日在国际工人协会中央委员会会议上用英语作的报告。中央委员会约·韦斯顿在5月2日和23日的发言中企图证明,货币工资水平的普遍提高

---

① 《马克思恩格斯全集》第21卷,北京:人民出版社2003年版,第634页。

对工人没有好处。马克思于 1865 年 5 月 20 日—6 月 24 日写成这篇报告稿，批驳了这个错误观点。目前保存下来的报告稿是马克思的手稿，没有标题，开头写有：'1865 年 6 月 20 日星期二向中央委员会宣读。'全文由作者分为十四节。1898 年，报告由马克思的女儿爱·马克思-艾威林以《价值、价格和利润》为标题在伦敦发表，并附有爱·艾威林写的序言。引言和前六节在手稿中没有标题，由艾威林加上了标题。本卷除总标题以外，保留了这些小标题。这篇报告的德译文发表在 1897—1898 年《新时代》第 16 年卷第 2 册，译者是爱·伯恩斯坦，采用的标题是《工资、价格和利润》。1922 年上海商务印书馆出版了由李季译、陶孟和校的该著作的中译本，书名为《价值价格和利润》；1929 年上海泰东书局出版了朱应祺、朱应会的中译本，书名为《工资、价格和利润》；1939 年延安解放社出版的王学文、何锡麟、王石巍翻译的《政治经济学论丛》收有这篇著作的中译文。"①

---

① 《马克思恩格斯文集》第 3 卷，北京：人民出版社 2009 年版，第 629 页。

第二部分 研究状况

第三章 国外研究状况

在《工资、价格和利润》中,马克思简要论述了劳动力如何成为商品、如何在劳动力市场上进行交易、工人如何得到货币工资的理论,分析了剩余价值转化为利润和工资两部分在资本家和工人阶级之间进行分配。在劳动力价值理论的基础上,马克思初步阐述了他的货币工资理论和利润理论。西方学者对马克思的劳动力商品理论、利润理论和工资理论提出了他们的理解,其中有质疑也有发展和相互融合,主要包括以下论题。

一 西方学者对马克思劳动价值论的质疑

在马克思的视域中,商品的价值是由劳动创造的是其政治经济学的基础,关于价值源泉的问题,西方学者存在否认劳动创造价值的观点,代表人物是萨缪尔森。他认为,在资本主义经济生活中,价格不单单由生产商品所耗费的劳动量决定,不能按照马克思的劳动价值理论来对经济生活进行解释。他认为,在依靠市场进行分配的资本主义制度下,除了生产商品所需要的劳动量,我们还需要考虑偏好需求和稀缺的非劳动生产要素,例如土地等生产要素也是财富的源泉,但是并不等同于价值创造的源泉。在这里,萨缪尔森实际上没有对使用价值和价值进行区分,混淆了价值创造与价值转移的概念。① 萨缪尔森"主张用生产费用论来代替马克思的劳动价值论"②。

二 西方学者对马克思劳动力商品理论的争论

马克思的经济学研究的关键在于他区分了劳动和劳动力的不同之处,揭示了劳动力成为商品是资本主义生产取得剩余价值的关键所在,针对马克思的劳动力商品理论和劳动力价值理论,当代西方学者进行了激烈的讨论,对于劳动力是否具有商品的属性和劳动力是否具有价值展开了讨论。"这些探讨反映了西方学者对马克思劳动价值论和剩余价值理论的不同认识倾向,也反映了他们对马克思整体思想的认识和理解。"③

(一) 对马克思劳动商品理论的质疑和否定

美国学者吉蒂斯和鲍尔斯是激进经济学派的代表人物,他们对马克思劳动力商品理论和劳动力价值理论的理解在一定意义上可以代表美国激进政治经济学派的观点。他们在《劳动价值论的结构和实践》中对马克思的"劳动力商品"概念提出质疑,认为无论劳动还是劳动力都不能归结为普遍化的商品。吉蒂斯和鲍尔斯认为,劳动力不是由抽象劳动生产的,因此不是一种商品,没有必要把劳动力商品和简单商品区别开来,无法通过作为商品的劳动力来证明劳动的特殊性,在劳动力价格形成和资本积累的过程中,劳动力并不享有特殊的商品地位。吉蒂斯和鲍

---

① 萨缪尔森:《经济学》上册,萧琛等译,中国社会科学出版社1984年版。
② 赵振华:《国外学者关于劳动价值理论讨论综述》,载《青海社会科学》2003年第3期。
③ 咸怡帆、杨虹:《西方学者关于马克思劳动力商品与工资理论的论争》,载《经济问题》2017年第7期。

尔斯还认为，马克思对劳动和劳动力的区分无法确证劳动价值论。①

约翰·罗默的思想经历了从马克思主义到新古典马克思主义到新古典主义的一个发展过程。随着罗默思想历程的发展，他对马克思劳动力商品理论表现出从质疑到彻底否定的过程。在《剥削和阶级通论》一书中，罗默对马克思的劳动价值论进行了批判。② 他提出，马克思用劳动价值来衡量一切商品的价值，具有任意性，如果劳动可以成为价值实体，那么换做其他别的商品比如钢铁业一样可行，钢铁价值论完全可以替代劳动价值论。罗默用具有任意性的钢铁来否定马克思的劳动价值论，体现了他对马克思劳动价值理论的片面理解。

（二）对马克思劳动力商品理论的肯定

在《论替代劳动作为价值实体：早期和当前的争论》一文中，帕克回应了罗默对马克思劳动价值论的否定，他批评了罗默对马克思劳动价值理论的任意替代，指出马克思劳动力商品理论的重要意义。帕克认为，马克思对劳动的物化，是对我们理解资本主义的剥削具有独特的贡献。劳动是价值实体，所以本身不是商品，无法衡量自己。"这是因为劳动本身作为价值实体不是商品，不能进行买卖。"③ 帕克概述了资本主义生产方式剥削的过程，资本家购买劳动力，迫使劳动者进行劳动、生产商品，为其自身再生产劳动力商品提供购买力。

（三）对马克思劳动价值论和劳动力商品理论的捍卫

本·芬在《价值论继续存在的必要性》一文中回应了对马克思价值理论的批评，阐明了劳动力商品理论的重要作用，捍卫了马克思的劳

---

① Herbert G, Smuel B., "Structure and Practice in the Labor Theory of Value", *The Review of Radical Political Economics*, 1981, 12(1).

② Jhon E R., *A General Theory of Exploitation and Class*, Cambridge' Massachusettes: Harvard University Press, 1982.

③ Cheol-Soo Park, "On Replacing Labor as the Substance of Value Early and Recent Arguments", *Science & Society*, 2003, 67 (2).

动价值理论。

芬认为,马克思的劳动价值论有几个主要特征:(1)以辩证法为基础的方法论;(2)抽象概念以简单概念为基础;(3)马克思的价值论是对社会经济结构的特定理解;(4)特定的社会经济结构是变化的;(5)劳动价值论具有历史性。正是由于芬对马克思劳动价值论具有深刻的认识,他才能够认识并理解马克思的劳动力商品的范畴在剩余价值生产中的重要意义,认识到劳动力的使用价值是马克思政治经济学的一个核心概念。

三 西方学者对马克思工资理论的评价

在《工资、价格和利润》中,马克思集中阐释了劳动力价格的决定因素、工资的分配等理论,也批判了工资上涨导致生活资料价格上涨的错误。西方学者针对马克思的工资理论也展开了研究。

罗宾逊在《论马克思的经济学》一书第四章中认为,马克思的工资理论的论述是教条主义的。罗宾逊认为,马克思关于劳动力商品按照价值出售,其价值就是劳动者维持自身及其子女所需要的必要的生活资料,其中包含"历史的和道德的因素"。罗宾逊认为,马克思"这种对工资决定因素的分析,就像对价格的教条一样,随着争论的发展逐渐被放弃"①。马克思所说的决定工资的道德和历史因素,常被理解为:随着资本主义的发展,劳动价值随着生活习惯而提高。罗宾逊认为,如果接受道德和历史的因素,就会使马克思的理论陷入循环论,因为这就意味着实际工资水平决定劳动力的价值。她对马克思工资理论的片面理解,表现在她碎片化地引用马克思著作中的某些话语,来证明马克思关于实际工资的论述与实际是相互矛盾的。

---

① Joan R., "An Essay Imperative of Value Theory", *Capital & Class*, 2001(3).

哈维在《对马克思劳动力价值理论的评论》[①]一文中系统阐述了对马克思工资理论的理解。哈维认为，马克思的工资理论具有非同一般的复杂性和灵活性，能够应付来自逻辑和经验的批评，同时也给这一理论带来自相矛盾的特质。哈维提出，在马克思的劳动价值中，起决定作用的不是劳动内容，也不是生产成本，而是阶级斗争。哈维将劳动力价值的阶级斗争理论描述为马克思工资理论的一种形式，消除了对这一理论的含糊理解。

综上所述，了解西方学者关于马克思劳动力商品理论的论证有利于我们深入理解马克思的劳动力商品理论和劳动价值理论。西方学者对马克思劳动力商品理论的批评和质疑，从根本上说是因为其没有能够正确理解马克思的劳动价值理论。只有从整体上掌握马克思政治经济学的理论，才能正确理解马克思劳动力商品理论的深刻内涵，才能对西方学者的无力批评做出有力回应。

---

① Harvey P., "Marx's Theory of the Value of Labor Power an Assessment", *Social Research*, 1983, 50(2).

第四章　国内研究状况

艾威林在为《工资、价格和利润》最初英文版所作的序言中认为,《工资、价格和利润》是《资本论》的简略版,所以在这部著作中的很多政治经济学的基本理论都在《资本论》中展开详细论述,二者几乎是重合的。我们仅从《工资、价格和利润》所涉及的以下两个主要方面进行考察,在《工资、价格和利润》里,马克思论述了工资和剩余价值以及利润之间的关系,而劳动力商品理论是连接马克思剩余价值论和劳动价值论的中介,随着西方理论界对马克思的劳动力商品和工资理论展开论争,我国的马克思主义研究者进行了更加深入复杂的研究。

一　对马克思的价格理论及其当代价值的研究

(一) 对马克思价格理论的理解与质疑

唐思文研究提出,马克思价格理论认为,价格是价值的货币表现,这一论断片面地混淆了使用价值和效用,把使用价值等同于效用,从而否定了商品的效用以及效用在商品价格中的重要地位和作用,没有区分卖方价格、买方价格和价格,或混淆了这三者是马克思价格理论陷入片面性的主要原因。①

---

① 唐思文:《对马克思价格理论的质疑》,载《山东社会科学》2007年第12期。

针对唐思文的观点，张忠胜提出了反驳，与其展开争论。他认为马克思的价格理论并不存在唐思文所说的缺陷，相反，唐思文的新价格理论完全背离了马克思的劳动价值论，是不折不扣的供求决定论。①

(二) 马克思价格理论的当代价值

科学地理解马克思的价格理论，是我国进行价格改革的理论基础。王天义从价格理论的来源、马克思价格理论的主要内容等问题出发来阐述马克思价格理论的现实意义②，认为我国社会主义价格体系的制定要遵循马克思价格理论。

洪大璘从马克思的价格理论看我国的价格体系改革，这也是马克思主义学者对马克思价格理论的实际应用。他提出要对我国现行的价格体系进行更好的改革，就要加强宏观调节，采取措施确保价格改革顺利进行。③

二 马克思工资理论的时代意义

(一) 工资理论的实质

许植认为，马克思的工资理论是其剩余价值理论的一个重要补充。马克思关于资本主义工资的理论，关于工资运动规律的原理，对揭露资本主义的剥削关系，提高工人阶级的阶级觉悟，并把工人阶级引向革命斗争的道路，都具有重要的意义。④

---

① 张忠胜:《为马克思劳动价值论的价格理论辩护》，载《当代经济研究》2008 年第 11 期。
② 王天义:《马克思价格理论及其现实意义》，载《河南大学学报》(哲学社会科学版) 1990 年第 6 期。
③ 洪大璘:《从马克思的价格理论看我国价格体系改革》，载《兰州学刊》1985 第 5 期。
④ 许植:《关于资本主义工资的实质》，载《教学与研究》1962 年第 4 期。

方敏、赵奎解读马克思的工资理论①，他们认为马克思在分析资本主义工资的时候，给我们提供了三种不同的理论视角，即劳动力价值理论、资本积累理论和阶级斗争理论。他们通过分析这三种理论的内涵，认为这三种理论并非相互独立互不相干的。劳动力价值理论是工资理论的起点，资本积累理论是理解资本主义工资运动规律的枢纽，资本运动决定工资的流动，从而构成资本主义生产方式运动的两极。由此，马克思提出了一个与劳动价值论逻辑一致并由资本主义生产方式内生地决定的工资理论。它向我们揭示了隐藏在具有表面的平等假象的劳动力市场背后的起支配作用的规律。

(二) 工资理论的现实意义

恩格斯在《资本论》第二版序言中曾经指出："马克思根据剩余价值理论，阐明了我们现在才具有的第一个合理的工资理论，并第一次指出了资本主义积累史的各个基本特征，并说明了资本积累史的历史趋势。"② 马克思工资理论的重大意义和现实价值，也得到中国学者的纷纷阐发。其中，杨衍江论述了马克思的工资理论与我国市场工资机制的完善③；李儒分析了马克思的工资理论及在社会主义经济理论中的运用④；石峰论述了马克思工资理论的三大历史性贡献及其现实意义⑤。

---

① 方敏、赵奎：《解读马克思的工资理论》，载《政治经济学批评》2012 年第 2 期。
② 《马克思恩格斯全集》第 24 卷，北京：人民出版社 1972 年版，第 34 页。
③ 杨衍江：《马克思的工资理论与我国市场工资机制的完善》，载《经济问题探索》2000 年第 1 期。
④ 李儒：《马克思的工资理论及在社会主义经济理论中的运用》，载《商业文化》2011 年第 7 期。
⑤ 石峰：《马克思工资理论的三大历史性贡献及其现实意义》，载《时代论丛》1997 年第 4 期。

第三部分　当代解读

第五章 《工资、价格和利润》的基本内容

《工资、价格和利润》这部著作包括引言和十四节正文。引言扼要地阐明了报告的目的,十四节正文主要分为三个部分:第一部分为第1—5节,主要"答复韦斯顿的胡说"①;第二部分即第6—12节,是"在适合这种场合的限度内所作的理论的论断"②;第三部分即第13—14节,是政治结论。

第一部分,马克思主要批判了韦斯顿的观点,批驳了他所依据的前提、基本论点以及他所采取的立场,揭露了韦斯顿错误的实质及其理论根源。马克思指出,即使按照韦斯顿工资总额不变的原则,工人也应当对资本家压低工资的行为进行反抗。因为,工资水平的普遍提高只会引起利润率的普遍下降,最终不会引起物价上涨。

第二部分,扼要阐述了劳动价值论的基本观点,划清了劳动创造价值同"商品价值由工资决定"的界限,为分析剩余价值的生产奠定了理论基础;系统论述了剩余价值的基本原理,综合考察了工资、价格和利润三者之间的一般关系,阐明了工资的变化不会影响商品的价值,再次批判了韦斯顿"提高工资必然引起物价上涨"的谬论。

第三部分,阐述了争取提高工资斗争的意义和局限性。马克思分析了工人阶级进行经济斗争的根源,总结性地批判了韦斯顿反对工人为提高工资而斗争的谬论。马克思指出,经济斗争只能暂时改变工人受剥削

---

① 《马克思恩格斯全集》第31卷,北京:人民出版社1972年版,第127页。
② 同上书,第127页。

受压迫的状况，无法根本改变工人阶级的地位，只有通过政治斗争推翻资产阶级统治，才是工人阶级获得彻底解放的唯一道路。

下面按照章节进行解读。

一 生产和工资

这一节中，马克思批判了韦斯顿所依据的两个前提，以及从这些前提作出的推论，说明了工人为提高工资而进行斗争是应当的和正确的，揭露了韦斯顿的观点和立场违背了无产阶级的根本利益。

（一）国民产品量和实际工资总额是可变的，韦斯顿的两个前提是错误的

韦斯顿的工人不应该为提高工资而斗争的全部理论，依据了这样两个前提："首先，国民产品量是固定不变的，或者像数学家所说的，是一个常量或常数；其次，实际工资总额，也就是说，按照能够用以购买的商品的数量来测定的工资总额，是一个不变额，一个常数。"[①]

马克思对韦斯顿的这两个理论基础进行了分析和批判。

首先，韦斯顿的第一个前提显然是错误的。马克思所说的国民产品量，是指一个国家在一定时期内物质生产部门的劳动者所生产的社会产品总和。我们可以看到，一个国家在一年内或者在不同的年度，社会总产品的数量是逐渐增加的，随着劳动生产力的提高，产品流通所需要的货币量也是不断增加的。影响国民产品量主要有两个因素：一个是从事物质生产的人数；另一个是劳动生产力的水平。一方面，在劳动生产力水平不变的情况下，从事物质生产的人数越多，则国民产品的数量和价值也越多，国民产品量随着劳动力人数的增加而增加；另一方面，即使人口没有变化，国民产品量也会变化，"因为资本积累和劳动生产力总

---

① 《马克思恩格斯全集》第 21 卷，北京：人民出版社 2003 年版，第 158 页。

是在不断地变化"①。资本主义生产追求利润最大化,资本家为了获得更多的利润,必然会不断投入资本,采用新的技术,扩大生产规模,提高劳动生产力。所以,国民产品量是一个变数,而不是一个不变的常数。马克思指出,工资水平的提高,不会改变产品数量。这是因为工资水平的提高,是在特定的社会生产条件下发生的,既没有提高工人数量,也没有提高劳动生产力的水平,所以,工人工资的提高并不会带来国民产品量的提高,国民产品量始终都不是一个常数,而是变动不居的。

韦斯顿的第二个前提也是站不住脚的。实际工资总额是指一个国家的全体劳动者获得的货币工资所能买到的生产资料的总和。即使假定国民产品量是不变的,实际工资总额也不是不变的。因为国民产品量在扣除用于补偿已经消耗掉的生产资料以后,剩余部分在社会各阶层之间进行分配。如果假定这部分国民产品的绝对量是 8,在无产阶级和资产阶级之间进行分配,那么,绝对量的不变,并不妨碍各个部分之间的相对变化。比如资本家的利润为 6,工人的工资为 2;如果公认的工资增加到 6,则资本家的利润减少到 2。利润和工资共同构成可分配的国民总产品,二者在数量上呈反方向变化。利润增加了,工资就减少;反之,工资提高了,利润就降低。因此,马克思指出,即使假定国民产品量是固定不变的,"无论如何也不能证明工资总额也是固定不变的"②。韦斯顿得出的结论是自己主观臆断的。

(二) 即使按照韦斯顿工资总额不变的原则,工人也应当对资本家压低工资的行为进行反抗

韦斯顿从上面两个前提出发,得出一个错误的推论:认为工人为了提高工资与资本家进行斗争,是毫无意义的。可是,马克思指出,即使

---

① 《马克思恩格斯全集》第 21 卷,北京:人民出版社 2003 年版,第 158 页。
② 同上。

同意韦斯顿的论断，从他的前提出发，也并不能推断出工人增加工资的斗争是徒劳的。因为即使实际工资总额固定不变，那也"应当在两方面都说得通"①，也就是工资既不能增加，也不能减少。可是韦斯顿只反对工人争取提高工资的斗争，对资本家压低工人工资的行径却闭口不提。

韦斯顿并不否认，工人在一定情况下通过斗争能够迫使资本家增加工资。但是，由于他认为工资总额是不变的，所以在他看来，工资增加以后，必然出现一个反作用，资本家会用抬高物价来使工人从提高工资中得不到好处。另一方面，韦斯顿也承认资本家经常采取各种手段压低工人的工资。按照工资总额不变的原则，在这种情况下，工人也应当有一个反作用，对压低工资的行为进行反抗。事实上，工人反抗降低工资的行动，也是一种增加工资的斗争。所以，马克思得出结论：即使"依照公民韦斯顿的工资不变原则，工人也应当在一定情况下联合起来，为增加工资而斗争"②。

（三）对工资水平的研究应该根据经济规律，不应该根据资本家的主观愿望

如果韦斯顿否认这个结论，那他就必须放弃得出这个结论的前提。也就是说，他不应当再坚持工资总额不变的前提，而应当说，工资总额不可能也不应该因工人的斗争而有所提高，但在资本家想要把它压低时，它就可能并且应该减少，按照韦斯顿的逻辑来解释资本主义社会的工资问题，就只能得出这种荒诞的答案。但是，这样一来，岂不是将资本家的主观意志当作客观经济规律，要求工人对资本家唯命是从了吗？如果我们问，工资水平为什么不能提高，工人生活为什么越来越苦？回答是：那是因为资本家不愿意用较好的食物，而只愿意用最坏的食物来养活工人。为什么各国的工资水平又有高低不同呢？回答：因为各国资

---

① 《马克思恩格斯全集》第21卷，北京：人民出版社2003年版，第158页。
② 同上书，第161页。

本家的愿望不同。如果进一步追问，为什么各国资本家的愿望不一样呢？那是不是要像牧师求助上帝一样了，说上帝愿意他们不一样。可见，把资本家的主观愿望当作客观经济规律，完全是主观唯心论的，将科学研究的可能性一笔勾销了。

资本家都是追求利润最大化的，他们总是企图把工人的工资水平压到最低，而把利润水平提高。可是工资水平的高低，并不取决于资本家的主观愿望，而是受到客观经济规律的制约，受到工人阶级反抗的限制。因此，马克思指出："我们的任务不是要谈论他的愿望，而是要研究他的力量。研究那股力量的界限以及那些界限的性质。"[①] 这也就意味着，在研究资本主义工资问题的时候，不应当从资本家的主观愿望出发，而应当从客观经济现象中，摸索决定工资水平的客观经济规律，并且研究在这个规律作用范围内各种阶级力量的对比。

二 生产、工资、利润

这一节，马克思从理论和历史现实两方面出发，批驳了韦斯顿的工资上涨必然引起物价上涨的谬论，阐明了生产、工资和利润之间的关系，论证了工资提高，除了引起利润率下降以外，不会影响物价长期变动。

（一）韦斯顿不懂得工资、商品价格是由什么决定的

马克思在这里质问韦斯顿，为什么资本家可以随意提高商品的价格？决定工资的界限的经济规律是怎样的？韦斯顿是否能够证明，在一定时间内，资本家实际支付的工资额完全符合必要工资额？如果像韦斯顿所论证的那样，工资额是依照资本家的个人愿望来决定的，那么工人就可以迫使资本家改变意志提高工资。

[①] 《马克思恩格斯全集》第 21 卷，北京：人民出版社 2003 年版，第 162 页。

韦斯顿认为国民产品量是不变的常数,他举了一个例子来说明。他将全部国民产品量比喻为一盆汤,盆里的汤并不会因为汤匙变大而变多,也就意味着,国民产品量并不会因为工人工资的提高而增多。马克思尖锐地指出,如果汤盆中盛放的是国民劳动的全部产品,那么妨碍工人从中取得较大份额的不在于汤盆的大小,不在于汤的多少,而是资本家的汤匙太大,而工人的汤匙太小。

分析了韦斯顿的国民产品量不变的前提后,马克思接着分析决定工人工资的因素。韦斯顿的观点认为,在工人要求提高工资后,资本家会通过提高商品价格来弥补这部分损失。可是,资本家靠什么来抬高商品价格呢?完全取决于资本家的意志么?可是为什么市场上的价格有时候还会违背资本家的愿望而跌落下来呢?对这个问题,韦斯顿没有给出答案。马克思则简要分析了工人工资的决定因素。

(二)从理论上说明工资水平普遍提高,会引起利润率的普遍下降,但是不会引起物价的长期变动

工资水平的提高,对商品价格的影响究竟是如何发生的呢?马克思认为:"只要能影响这些商品的实际供求关系,就能影响商品的价格。"[①] 由于提高了工资,增加了对商品的需求,所以影响到商品价格的变动。

为了便于说明问题,我们假定,资本数量、劳动数量和货币价值都保持不变,只有工资水平发生变化,在这种情况下,来考察工资水平的提高,对供求关系的影响,进而对商品价格产生什么影响,会出现怎样的状况呢?

为了说明这个问题,马克思将购买生活必需品和购买不必要的奢侈品区分开来。提高工人工资,通常情况下,工人会将增加的工资用于购买生活必需品,带来对生活必需品的需求的扩大,从而推高其价格。而

---

① 《马克思恩格斯全集》第 21 卷,北京:人民出版社 2003 年版,第 163 页。

从资本家的角度来看，生产生活必需品的资本主义企业，一方面由于工资的提高，资本家不得不增加支出，但是另一方面，生活必需品的价格上涨，他们可以靠提高商品的市场价格来得到补偿，对他们的影响不会很大。但是，对于那些不生产生活必需品而生产奢侈品的资本家来说，工人工资的上涨对他们的影响就更加复杂。（1）对奢侈品的需求并没有增加，他们不能靠提高商品价格来补偿因增加工资而引起的利润率下降所带来的损失。（2）由于生活必需品价格上涨，这些资本家也需要购买生活必需品，他们需要花费更多的钱买到跟以往相同的商品，这样会在一定程度上限制他们的生活必需品的消费。（3）由于收入减少，他们会相互减少对奢侈品的需求，因而引起奢侈品价格下跌。因此，工资水平的普遍提高、生活必需品价格上涨而奢侈品价格下降这三方面共同作用的结果，就造成奢侈品部门中利润率的下降。

当奢侈品生产企业的利润率低于生产生活必需品的企业的利润率，甚至低于平均利润率的时候，会引起什么后果呢？马克思认为，在这种情况下就会发生资本转移，重新形成平均利润率。资本都是追逐利润的，生产奢侈品的资本家自然就会将资本转移到生产生活必需品的领域，以追逐更高的利润。资本在不同经济部门之间进行转移，追求一个什么样的结果呢？首先，随着生活必需品部门的资本增加，生产不断扩大，供应量增加，价格就会逐步回落，利润率也会随之下降；而生产奢侈品的企业则经历与之相反的过程，生产缩小，供应量减少，价格和利润率回升。于是，两个部门的利润率重新趋于平衡。其次，价格受到供求关系的影响，通过资本转移，当供求关系达到新的平衡的时候，两个部门的商品价格都会恢复到原来的水平。再次，由于增加工资带来的利润率下降，不只局限在生活必需品生产的部门，也不局限在奢侈品的生产部门，利润率下降将成为一种普遍现象。最后，按照我们的假定，劳动生产力的资本和劳动的总量都没有发生变化，因此，资本的转移，并没有引起商品价值总量的变化，而只是带来了产品构成的变化，即与过去相比，现在生活必需品的比重变大了，奢侈品的比重变小了。"因此，工资水平的普遍提高，在市场价格暂时混乱之后，只会引起利润率的普遍下降，不会引起商品价格稍许长期的变动。"①

马克思的论证是从全部工资增加数都花费在生活必需品这个前提出发的。而事实上，这个假定是有利于韦斯顿的观点的。因为在这个假定条件下，才能够更加纯粹地考察供求关系和商品价格的变动关系。如果假定工人增加的工资用于购买奢侈品，则表明工人实际购买力的提高，这样，韦斯顿所说的工人实际购买力不会提高的说法就不攻自破了。此外，工人购买力的提高，应当与资本家购买力的降低相互抵消，因此，对奢侈品的需求量不会增加，引起变动的只是这种需求的构成部分。总体来说，对商品的需求总量仍然保持不变，在这种情况下，商品的市场价格也不会有变动。

因此只有两种方法来解决这个问题：或者工资的增加数平均于一切消费品，于是工人的需求的扩大就由资本家的需求的缩减来抵偿，商品的价格不会发生变动；或者工资的增加耗费在几种价格暂时上涨的商品上，但是，这样会引起一些部门的利润率上升但是另一些部门的利润率下降，引起资本从一个部门向另一个部门的转移，直到达到供求关系新的平衡，这时商品的价格又恢复到原来的水平。

（三）事实也说明工资水平的普遍提高，不会引起物价长期变动

韦斯顿为了说明工资水平的普遍提高，必然引起物价上涨，他假设英国农业工人的工资普遍从 9 先令上涨到 18 先令，必然引起生活必需品的价格惊人上涨。马克思尖锐地指出，美国农业工人的平均工资比英国农业工人的高出一倍，但是，美国农产品价格却比英国的低。我们真正需要弄清楚的问题是，工资水平的普遍提高会产生怎样的后果。

马克思以英国 1848 年实行 10 小时工作日法案为例驳斥韦斯顿的观

---

① 《马克思恩格斯全集》第 21 卷，北京：人民出版社 2003 年版，第 165 页。

点。1848年，英国工人在与资产阶级进行长期斗争后，争取通过了10小时工作法案，也就意味着英国主要工业部门强制性提高了工人工资水平。工人工资上涨之后，情形与韦斯顿描述的截然不同，并没有出现物价持续上涨、工人实际购买力下降等状况，随着市场的调整和资本的转移，事实上工人的工作日缩短，小时工资数上涨，商品价格非但没有上涨，反而降低了，工人的实际购买能力也有所增强。现实的情况有力地反驳了韦斯顿的观点。

接着，马克思以英国农业工人增加工资后的情况进一步驳斥韦斯顿的观点。马克思先做了几点说明：首先，在考察工资问题时，要注意原来的基数是多少，不能只关注工资提高的百分比，要知道英国农业工人原本的工资水平是很低的。其次，不仅要看工资总的平均水平提高了多少，还要看提高工资的面有多宽，因为增加的工资数在工人中的分配是不平衡的，有的人多些，有的人少些。这种不均等的提高工资无法真实衡量价格上涨带来的影响。再次，要区别看待工资提高对不同地区、不同部门的工人的影响。对于英格兰和苏格兰的工人来说，工资的提高对他们的影响就是不均衡的。最后，还要看到一些相反的因素对提高工资产生的抵消作用。

在这些说明之后，马克思分析了英国农业工人提高工资的情况。从1848年到1859年，英国农业工人的平均工资大致提高了40%，再加上工厂工人工资也同时提高，按照韦斯顿的观点，这势必引起农产品价格的上涨。可是，实际情况却截然相反。尽管发生了很多预料之外的天灾人祸，英国主要农产品小麦的价格不但没有上涨，反而下降了。按照韦斯顿的逻辑，如此大的需求量必然带来农产品价格的提高，但是，实际上，不仅在法国，而且在美国和俄国，农产品的价格都在下跌。

因此，无论从工业还是农业来看，事实充分证明，工资的提高和商品价格的提高之间没有必然的联系。韦斯顿认为工资提高必然引起物价上涨的观点是完全没有根据的。

(四) 韦斯顿不懂得需求增加不一定会引起市场价格的提高

最后，马克思总结道，韦斯顿的观点是：由于国民产品总量是固定不变的，因此需求的提高不会引起供给的增加，而只会引起商品价格的上涨。马克思指出，在某些场合，需求提高并不会给商品价格带来影响。比如，一些人的需求提高的部分，正好与另一些人需求下降的部分相互抵消。在另一些场合，需求的提高只会暂时引起商品价格的提高，随着生产规模的扩大、供给的增加，商品价格将恢复到原来的水平。如果盲目扩大生产造成供给超过需求，反而会引起价格的下降。总之，需求的增加不一定会引起价格的上涨。无论需求的提高是由于增加工资引起的还是其他别的原因引起的，情况都是如此。马克思指出，韦斯顿之所以产生这种错误，就在于他不理解这个规律——"需求的提高引起供给的增加，而不一定会引起市场价格的上涨。"①

三 工资和通货

这一节，马克思运用货币流通规律的原理和大量实例，批驳了韦斯顿为反对提高工资而提出的货币数量是固定不变的这一论据，指出：工资的提高并不一定增加流通中所需要的通货数量。

(一) 工资的增加或减少与流通中的货币数量没有必然联系

1865年5月23日，总委员会会议进行到第二天，为了反对工人提高工资，韦斯顿提出了一个新的论据：他认为流通中的货币数量保持不变的情况下，工人工资的增加必然引起支付的困难，如果商品数量没有变化，而工人工资却增加了，由于货币的数量是固定不变的，增加工资就成为困难的事。马克思指出，韦斯顿关于国民产品量和实际工资额不

---

① 《马克思恩格斯全集》第21卷，北京：人民出版社2003年版，第170页。

变的理论不能成立，增加工资而引起货币支付困难是不成立的。

马克思明确指出，通货问题与研究工资提高的问题，没有必然的联系。

货币处于流通之中，和一般商品不一样，它是商品交换的媒介，始终停留在流通领域发挥作用而不会退出流通领域。所以，流通中的商品价值总量和货币数量并不一定完全相等。在一定时期内流通领域究竟需要多少货币呢？这取决于两个因素：第一，市场上待售商品价格总额，第二，货币的流通速度。流通中实际需要的货币数量与市场上待售商品价格总额成正比，与货币流通速度成反比。

货币流通速度的快慢，取决于很多因素，银行业的发展和银行机构的完善，是其中最重要的因素之一。如果银行办理业务流程顺畅，就会加快货币重新进入流通领域的速度。所以，在银行等金融业比较发达的国家，流通中实际需要的货币数量就比较少。而在马克思和韦斯顿当时所处的英国，拥有广泛而集中的发达的银行系统，货币周转的速度很快，同样的交易真正需要的货币数量就少得多。而德国、意大利、瑞士和法国等国的工人工资虽然比英国低，但是由于这些国家的银行系统没有英国那么完善，货币流通速度慢，所以支付工资所需要的货币数量就比英国大得多。从这个例子可以看出，"低额的货币工资可能比高额的货币工资需要更多的通货来周转"①。所以，韦斯顿所说的工资的提高一定引起货币支付的困难，并不完全符合实际。

马克思进一步对英国的货币流通情况做了考察。说明增加工资不一定需要增加流通中的货币量。这是由于，首先，英国工人的开支有很大一部分使用的是普通的铸币而不是金币，这些铸币的价值和不兑换的纸币一样，是由法律任意规定的；其次，各种银行券的发行可以替代货币流通。在当时的英国，大宗交易一般都用银行券支付，但使用金币支付5英镑以下的零数是极为普遍的现象。一旦发行比较小额的银行券来代

---

① 《马克思恩格斯全集》第 21 卷，北京：人民出版社 2003 年版，第 171 页。

替这部分金币，就会腾挪出更多的金币。这样一来，因工资提高所需要补充的货币额，连一个英镑都用不着增加就可以解决了。

马克思在分析了工资的提高与流通中所需要的货币量没有必然的联系之后，又列举了工资的减少与流通中的货币量没有必然联系的例子，进一步驳斥韦斯顿的错误论断。按照韦斯顿的说法，工资的普遍提高会引起生活必需品价格的上涨，反过来说，工资的普遍下降就将造成生活必需品价格的降低，流通中的货币会出现一部分多余。而实际情况并不是这样。由于美国危机的影响，英国棉织业和其他工人的工资，1861—1863年比1858—1860年下降了将近四分之一，按照韦斯顿的说法，商品价格应当随之出现大幅度的下降。但是小麦的价格非但没有下降，反而上涨了六分之一。而流通中的货币数量，也没有因为工资降低而减少，相反，1861年比1860年还增加了大约400万英镑。马克思用事实证明了韦斯顿的论断是不符合事实的。

(二) 流通中的通货数量不是固定不变的

随着生产规模的扩大和劳动生产力的提高，工人生产的商品数量和价值不断增加，因而流通中商品的数量和价值也不断增加；随着工商业的发展，用于支付股票、债券等需要的货币，以及支付铁路费用需要的货币也迅速增加起来。在这种情况下，是否一定要增加流通中的货币量呢？事实做出了否定的回答。英国1862年与1842年相比，流通中商品的数量和价值、资本家的投资量以及一般货币交易额都有惊人的增长，其数字远远超过1842年。可是，1862年流通中的货币总额与1842年几乎相等。从一般情况来看，当商品价值和一般货币交易额都在大量增加的时候，流通中的货币量却有逐步减少的趋势。这是因为在商品价值和一般货币交易额都大量增加的同时，货币的流通速度也大大加快的缘故。这些情况对韦斯顿来说是不可解答的谜。

马克思指出，即使不考虑工资，由于生产规模、劳动生产力和投入市场的商品额经常变化，流通中商品的数量和价值，以及一般货币交易额都是每天变化的；与流通中货币交错使用的银行券，以及凭借期票、支票、转账贷款和其他票据交换所实现的支付数额是每天变化的；由于商品流通的范围、商品的价格和流通速度等方面经常变动，金币在市场上的流通也是每天变化的；国内的贵金属数量与通过外贸交易等途径送到国外的黄金的数量也是变化的。这些事实都说明流通中的货币数量不是固定不变的，而是每天变化的。韦斯顿的货币总额不变的观点与日常生活现实是不相符的，不能作为反对提高工资的论据。

四 供给和需求

这一节，马克思批判了韦斯顿关于"高工资"和"低工资"的不科学的划分，说明工资不是由劳动力的供求关系决定的，并对如何研究价值问题指明了方向。

韦斯顿一再强调他的教条："因工资提高而引起的通货紧缩一定会使资本减少"①，一定会带来商品价格的上涨。

韦斯顿反对提高工资，或者反对因工资的提高而产生的高工资。那么我们现在要问：究竟什么是高工资，什么是低工资？缺乏高低的标准，却大谈高低是缺乏依据的空话。马克思指出："工资只有和一种测量其数量的标准相比较才能够谈高或低。"② 那么，什么才是测量工资高低的标准呢？马克思指出，劳动力的价值才是决定工资的决定性因素。平均来说，工人按劳动力的价值把劳动力出卖给资本家，工资是劳动力价值的价格表现。然而，韦斯顿在谈工资和利润的时候，不仅没有从经济规律中推演出衡量工资高低的标准点，甚至认为没有这个必要，仅仅满足于承认高低这种流行的庸词俗语，回避真正的问题。

韦斯顿无法向我们说明为什么对一定量的劳动要支付以一定量的货币？他只注意到供求规律对劳动力价值和价格的影响，就误以为供求关

---

① 《马克思恩格斯全集》第21卷，北京：人民出版社2003年版，第174页。
② 同上书，第175页。

系是劳动力价格的决定因素。可是,供给和需求又是按照什么规律发挥作用的?韦斯顿没有考虑到这一点,当然也无法做出回答。我们知道,在资本主义社会,劳动力的供给和需求是经常变化的。随着劳动力供求关系的变化,工资也在发生变化。劳动力的需求超过供给,工资就上涨;劳动力的供给超过需求,工资就要下降。如果承认供给和需求是调节工资的规律,那么反对提高工资,就未免显得幼稚无益了,"因为按照你们所凭借的至高无上的规律,工资的周期性的上涨,也和工资的周期性下降一样,是必然的和正常的"①。

接着,马克思从商品的价值这个更广的方面进行分析。马克思指出,如果认为劳动力的价值和任何一种商品的价值,归根到底是由供给和需求决定的,那就完全错了。"供给和需求只调节市场价格的一时变动。供给和需求可以说明为什么一种商品的市场价格会涨到它的价值以上或降到它的价值以下,但绝不能说明这个价值本身。"② 当供给和需求相互平衡的时候,"商品的市场价格就符合它的实际价值,就符合市场价格随之变动的那个价格标准"③。马克思的这些分析,不仅批驳了供给和需求决定工资的观点,还为我们研究商品的价值问题指明了方向。

五 工资和价格

这一节,马克思批驳了韦斯顿的教条:"商品的价格是由工资决定或调节的",抽象地对这个教条进行分析,其实质就是"价值是由价值来决定的",这是毫无意义的同语反复。韦斯顿之所以会犯这个错误,是因为它对劳动价值论缺乏认识。

---

① 《马克思恩格斯全集》第 21 卷,北京:人民出版社 2003 年版,第 175 页。
② 同上。
③ 同上书,第 176 页。

(一) 商品价格由工资决定的教条是陈腐的谬论

马克思指出,如果把韦斯顿的观点化为简单的理论形式,那就是一个教条:"商品的价格是由工资决定或调节的。"①

如果从经验主义的方法来驳斥上述教条,是很简单的。例如,英国工厂工人的工资比其他各国工人工资要高,可是他们生产的工业品的价格却比其他各国生产的同类工业品的价格要低;英国农业工人的工资虽然比工厂工人的工资要低,但是英国的农产品的价格却比其他各国农产品的价格要高。马克思指出,我们可以用不同国家同类产品作比较或同一个国家不同产品作比较的方法来证明,可以看出,商品价格与工资的高低没有直接的联系,商品的价格不是由工资决定的。

为韦斯顿辩护的人提出,韦斯顿将资本家的利润和土地所有者的地租都看作商品价格的组成部分,认为不仅工资,而且利润和地租也从商品的价格中得到支付。但是,按照他的意见,商品的价格首先是由工资构成的,然后再加上资本家和土地所有者的份额。可是,透过这种现象,我们看到韦斯顿的观点,其实质还是工资决定商品的价格。

持这种观点的"老朽的政治经济学作家们",都认为利润和地租只是加在工资上的百分数,但他们当中没有一个人能够把这个百分数的限度归结为一种经济规律。所以如此,是因为,他们认为利润是由传统、习惯和资本家的意志决定的。此外,他们还认为利润取决于资本家之间的竞争。马克思指出,资本家之间的竞争,只能使利润率低的生产部门中的部分资本和劳动力流向利润率高的生产部门,使不同生产部门之间形成一个平均利润率,而不能决定这个平均利润率到底是多少。

---

① 《马克思恩格斯全集》第 21 卷,北京:人民出版社 2003 年版,第 176 页。

（二）工资决定商品价格是价值决定价值的同语反复

工资是劳动力的价值或者价格的货币形式，所以，如果按照韦斯顿的说法，工资决定商品的价格的话，等于说劳动的价格决定商品的价格。而价格是商品价值的货币表现。所以，韦斯顿的观点可以进一步推论为"商品的价值由劳动的价值决定"[①]。那么，进一步追问，劳动的价值又是怎样决定的呢？这样一来，就陷入了逻辑困难。韦斯顿一会儿说商品的价值由劳动的价值决定，一会儿又说劳动的价值由商品的价值决定，一直在兜圈子，而得不出正确的结论。

事实上，"工资决定商品的价格这一教条"，用抽象的说法来表示，就是"价值是由价值决定的"。这是毫无意义的同义反复，只表明这种观点的持有者对价值理论一窍不通。要是接受这个前提，有关政治经济学一般规律的推动都将成为空洞的梦话。英国古典经济学家李嘉图在1817年出版的《政治经济学及赋税原理》一书中，坚持劳动价值学说，已经粉碎了"工资决定价格"这个陈腐的谬论，这是李嘉图的一个重要贡献。

六　价值和劳动

这一节中，马克思简要地阐明了劳动价值论的基本原理，说明商品的价值是什么、交换价值与价值之间的关系、供求关系引起价格变化的规律等理论。

（一）什么是商品的价值？它是怎样决定的？

为了说明商品的价值是什么，马克思首先澄清与价值相对应的另外一个范畴——交换价值。交换价值是一个商品与其他一切商品交换时的

---

① 《马克思恩格斯全集》第21卷，北京：人民出版社2003年版，第177页。

比例量。交换价值表现了商品的价值。虽然交换价值的形式千差万别，例如小麦可以与黄金、丝绸等商品按照不同比例相互交换，但是，交换价值所代表的价值却是一样的，是一种与各种商品交换的各种交换率毫不相干的东西。价值是不依赖于其他东西而成为商品交换共同尺度的东西，是一切商品的共有的形式。

我们知道，商品具有使用价值和交换价值两种属性。其中，使用价值代表商品的可用性，能够满足人们的某种需要，代表商品的自然属性，每种商品的使用价值是不同的，满足的需要是特殊的；商品的交换价值则代表了商品的社会属性，在不同时间、不同地点，不同商品按照不同比例关系进行交换。每一种商品可以与许多其他的不同商品进行交换，不同质的商品也可以实现彼此互换，价值交换实现了商品的社会功能，完成商品在市场上的交换和流通，实现物尽其用。

我们需要进一步考虑的问题是，不同商品为什么能够实现交换？它们之间共同存在的东西究竟是什么？剥离商品的使用价值的自然属性，不同的商品具有一个共同的特征：它们都是劳动产品。在生产这些商品的时候，都付出了一定量的人类劳动。也就意味着，所有商品共同的社会实体就是劳动。

这里讲的劳动，不是各种具体形式的劳动，而是抽象的"社会劳动"。马克思在这里简要论述了商品二重性和劳动二重性的原理。商品具有使用价值和价值的二重属性，而劳动具有具体劳动和抽象劳动的二重属性，商品的二重性是由劳动的二重性决定的。具体劳动和抽象劳动是同一个劳动过程的两个方面。具体劳动具有多种多样的形式，生产了多种多样的使用价值。而撇开一切具体形式的人类一般劳动，叫做抽象劳动，抽象劳动生产了商品的价值，所以说，价值就是凝结在商品中的一般的抽象劳动。

同时，我们需要认识到，这种凝结在商品中的一般劳动，具有社会属性，是社会劳动，而不是某个人的单个劳动。因为一个自给自足的生产者，他与社会没有关系。而一个人要生产一个商品，这个商品就要满足社会的某种需要，所以他的生产劳动本身就成为社会所耗费的劳动总额的一部分，这种生产劳动就是从属于社会内部分工的劳动，具有社会性。

从交换价值到价值的抽象，说明了价值是交换价值的基础，交换价值是价值的表现形式。价值是商品的社会属性，是构成商品最本质的东西。人们以价值为基础相互交换商品，实际上是相互交换各自的劳动。所以，商品不是一般的物，而是在物的外壳下的人们之间一定的社会生产关系。

（二）商品的价值量是由生产商品的社会必要劳动时间决定的

马克思在分析了商品价值的质的方面，说明了什么是价值以后，就从量的方面来进行分析，说明商品的价值大小是怎样确定的。

价值是由劳动创造的，价值的量也应当由生产商品所耗费的劳动量来决定。而劳动量的大小由劳动时间来决定，所以，价值量的大小便取决于劳动时间的长短。"各个商品的相对价值，是由耗费于、体现于、凝固于该商品中的相应的劳动数量或劳动量决定的"①，"在同样劳动时间内生产出来的各种商品的各相对应的数量，是相等的"②。但是，生产商品的具体劳动具有不同的形式，复杂劳动比简单劳动创造更多的价值。但是，为了能够用同一种劳动来衡量商品的价值，就要把复杂劳动转化成简单劳动。这种换算在商品交换过程中自发地进行。

那么，商品价值由工资来决定和商品价值由生产该商品所必须的相对劳动量来决定，其间的差别是什么？马克思明确指出："劳动报酬和劳动数量是完全不相同的东西。"③ 从事不同劳动的工人，拿到的工资的形式和数量是不同的。工资受到商品价值的限制，但是商品的价值却

---

① 《马克思恩格斯全集》第 21 卷，北京：人民出版社 2003 年版，第 181 页。
② 同上。
③ 同上。

不受工资的限制。所以，商品的价值不是由工资决定的，凝结在商品中的劳动量才是决定商品价值的因素。

在生产商品的时候，一方面要投入新的劳动，一方面原来的生产资料的价值要转移到新商品中去。生产资料的价值的转移有的是一次性完成的，有的是分多次完成的，代表了过去劳动的结晶。在计算一个商品的价值时，我们要把这两部分的劳动消耗都计算进去。

此外，既然商品的价值由生产该商品所耗费的劳动量来决定，但是，并不意味着一个人的工作效率越低、越不熟练、花的时间越多，生产的商品的价值量就越大。马克思指出，决定商品价值量的劳动不是生产者的个别劳动，而是社会劳动。"一个商品的价值是由耗费于或结晶于这个商品中的劳动量决定的，就是指，在一定的社会状态中，在一定的社会平均生产条件下，在所用劳动的一定的社会平均强度和平均熟练程度下，生产这个商品所必须的劳动量。"[①]

社会必要劳动时间随生产力的变化而变化，而决定劳动生产力的因素有很多。首先，是劳动的自然条件，比如土地的肥沃程度、矿山的丰富程度等；其次，劳动力的社会力量，如资本的集聚、劳动的联合、技术的发展等因素。劳动生产力的水平越高，耗费在同样产品上的劳动就越少，产品的价值也就越低。我们可以这样说，"商品的价值与生产这些商品所耗费的劳动时间成正比，而与所耗费的劳动的生产力成反比"[②]。

（三）遵循价值规律，商品按照实际价值在市场上交换

在现实的市场经济中，商品的市场交易价格往往会出现波动，价格有时高于价值，有时低于价值，而马克思揭示的劳动价值论指出，价格是价值的货币表现形式，这是否存在矛盾？

我们知道，由于生产条件不同，生产同样一个商品，有的人花费的

---

① 《马克思恩格斯全集》第21卷，北京：人民出版社2003年版，第183页。
② 同上书，第184页。

劳动多些，有的人花费的劳动少些，但是在市场上，同样的商品只能按照同样的价格出售。马克思指出，市场价格只表现在平均的生产条件下供给市场以某种数量的某种物品所必须的平均社会劳动量。商品的市场价格与价值是相符的，但是，价格有时会背离价值，市场价格有时高于价值，有时低于价值，这种波动取决于供给和需求的变动。

商品经济条件下，市场竞争激烈、生产的无政府主义等因素往往会造成供求关系不平衡，供求关系的变动就会引起市场价格的波动。当供给超过需求的时候，市场价格就会下降，商品就以低于它的价值出售。反之，当供给小于需求的时候，市场价格就要上涨，商品就会高于价值出售。但是，无论价格怎样波动，都始终是围绕着价值这个中心的。从一个较长的时间考察价格的变动，我们就会发现，价格的上涨部分和下跌部分是可以相互抵消的，商品的价格总量和商品的价值总量是长期一致的。因此，平均来说，商品总是按照自己的价值出卖的，在供求关系的影响下，价格围绕价值变动，商品交换遵循等价交换的原则。

基于以上分析，我们可以看到，利润不是来源于商品价格的额外提高，不是来源于商品按照超出其价值的价格出卖而得来。利润的一般本质在于：商品按照自己的实际价值出卖，按照商品所体现的劳动量的比例出卖而得来。这里，马克思揭示了利润的本质，利润本就包含在商品的价值中，是商品价值的一部分。而商品的价值是由活劳动创造的，阐明了利润的本质就是价值这一原理，就为马克思进一步阐述劳动的价值奠定了理论基础。

七　劳动力

这一节中，马克思分析了劳动力这个特殊的商品，科学地区分了劳动和劳动力，阐明了劳动力是怎样成为商品的，以及劳动力的价值是怎样确定的。

(一) 工人出卖的不是直接的劳动,而是劳动力

在资本主义社会,工人给资本家干活,资本家付给工人工资,工人干一天的活得一天的工资,这就造成一种假象:似乎工人每天出卖的是自己的劳动,工资就是劳动的价格。马克思揭露了这种说法的欺骗性。第一,商品的价值由劳动创造,劳动是衡量价值的尺度,如果说劳动也有价值,那它的价值由什么来确定呢?也只能由劳动确定。就是说劳动自身的量确定劳动的价值,这陷入了劳动衡量劳动或者价值衡量价值的理论谬误中,并不能真正揭示劳动价值的来源。第二,如果工人出卖的是劳动,工资就是劳动的价值,那么按照等价交换的原则,工人所得的工资应当与劳动创造的价值一样,这样,资产阶级就失去了财富增值的源泉,整个资本主义制度也丧失了存在的基础。第三,任何商品要成为商品,必须在出卖之前就已经存在,而工人在劳动力市场上与资本家发生买卖关系以前,只有劳动力,还没有真正进行劳动,当工人在工厂中进行劳动时,这个劳动已经属于资本家了。

上面的分析可以说明,工人出卖的不是劳动,而是劳动力。劳动力存在于劳动者的身体里,是人的体力和脑力的总和;而劳动则是人们生产物质资料的一种活动,是劳动力的支出和使用。所以,劳动不是商品,劳动力才是商品。马克思将劳动和劳动力做出科学的区分,具有十分重要的意义,在此基础上,他科学地论证了剩余价值是怎样生产出来的,从而揭示了资本主义剥削的秘密。

(二) 劳动力成为商品

工人向资本家出卖劳动力,劳动力成为商品,一方面,一批占有土地、机器和生活资料的人成为劳动力的买者;另一方面,一批人除了双手和头脑就没有别的东西可卖,他们成为劳动力的卖者。前一批人靠买进劳动力而赚取利润和发财,后一批人靠出卖劳动力而谋生。上述现象是如何产生的呢?要理解这个问题,需要研究所谓的"原始积累"。

资本的原始积累是资本主义发展的必要前提,要完成从封建社会向资本主义社会的转变,资本原始积累扮演了重要的角色。要使资本主义经济得到迅速发展,需要具备两个基本条件,一方面,要有大量的可以自由出卖劳动力的无产者;另一方面,要有能够组织资本主义生产的土地、财富等生产资料。资本原始积累,用暴力强迫生产者和生产资料相分离,一方面把生产者转化为一无所有的雇佣工人,另一方面使社会财富集中到资本家手中转化为财富。资本原始积累达成了这两个基本的条件,促进了资本主义的发展。

在资本主义生产方式确立统治地位以后,生产者和生产资料相分离,劳动的人脱离劳动工具,这种现象一旦成为事实,就会持续保持下去,还会不断扩大规模,"直到一种新的、根本的生产方式的革命把它消灭,并以新的历史形式再恢复这种原始的统一为止"①。

(三) 劳动力的价值的决定

资本主义生产关系中,劳动力成为商品,与其他一切商品一样,具有使用价值和价值。那么劳动力商品的价值由什么决定呢?

劳动力的价值,像其他一切商品的价值一样,是由生产它所必须的劳动量决定的。第一,一个人要维持生活,持续地提供劳动力,就必须要吃饭、穿衣、消费一定量的生活必需品。生产这一定量生活资料所必须的劳动量,构成劳动力价值的主要部分。第二,为了延续劳动力的供给,工人还得养育儿女,将来在劳动力市场上替代他们,补充新的劳动力。所以,劳动力的价值还包括工人养育子女所必须的生活资料的价值。最后,工人要掌握劳动技能、提高劳动效率,就要求工人具有一定的技术。所以工人为了掌握技术而需要的教育培训的费用也是劳动力价值的一部分。概括起来说,"劳动力的价值,是由生产、发展、维持和延续劳动力所必须的生活必需品的价值决定的"②。

---

① 《马克思恩格斯全集》第21卷,北京:人民出版社2003年版,第188页。
② 同上书,第189页。

八　剩余价值的生产

这一节，马克思通过对资本主义生产过程的分析，揭示了剩余价值的来源，指出剩余价值是工人在剩余劳动时间内生产出来的。

资本主义生产过程是从购买劳动力和生产资料开始的。资本家在市场上购买了劳动力和生产资料以后，工人在规定的劳动时间之内进行生产劳动，生产出商品。拿到市场上交换，一方面实现了商品的价值，另一方面为资本家创造了剩余价值。资本主义生产既是生产价值的过程，也是生产剩余价值的过程。

工人进行生产劳动，资本家支付给工人工资。现在假定纺纱工人每天工作6小时，工人每天的生活必需品需要6小时的平均劳动生产出来，价值3先令。这3先令就是纺纱工人的劳动力价格，也是资本家支付给工人的工资数额。但是，工人一旦把自己的劳动力按照劳动力价值出卖给资本家，就开始为资本家进行生产。但是，如果纺纱工人工作6小时，资本家付给他3先令，资本主义生产到此为止的话，资本家就得不到任何剩余价值或剩余产品。这样的生产，资本家是不干的。

事实上，资本家购买了工人的劳动力之后，就有权消费或使用他所买的商品。"资本家支付了工人劳动力的一天或一周的价值，就有权整天或整周地使用这个劳动力或迫使它去工作。"[1] 纺纱工人每天再生产他的劳动力，只需要工作6个小时，得到3先令就可以了。但是，这不妨碍他能每天工作10小时甚至更长时间。资本家支付给了纺纱工人劳动力的价值，就会整天或整周地使用劳动力。纺纱工人除了工作6小时补偿他的工资以外，额外再工作的时间，我们称之为剩余劳动时间。而在剩余劳动时间内生产出来的商品和价值，就是剩余

---

[1] 《马克思恩格斯全集》第21卷，北京：人民出版社2003年版，第190页。

产品和剩余价值。

由此可见,剩余价值是工人通过剩余劳动创造出来的,是工人创造的价值中超过劳动力价值的那部分。资本家将工人的劳动时间延长到补偿劳动价值所需要的时间之上,工人创造的价值就会超过劳动力自身的价值,资本家就能获得剩余价值。剩余价值的生产,不仅仅是资本主义社会的经济现象,而且是全部资本主义体制的秘密所在。剩余价值的生产同时生产出资本主义社会内部对立的无产阶级和资产阶级,生产出资本主义制度的基础。资本家购买劳动力,从表面上来看,是按照价值规律进行等价交换的结果。事实上,工人的一部分劳动是没有获得报酬的无偿劳动,正是这种无偿劳动,为资本家创造了剩余价值,积累了财富。劳动力买卖表面上的平等掩盖了事实上的不平等。马克思深刻地指出:"资本主义的生产或雇佣劳动制度,正是在资本和劳动之间的这种交换的基础上建立的,这种交换必然不断地造成这样的结果:工人作为工人再生产出来,资本家作为资本家再生产出来。"①

工人的劳动时间可以划分为必要劳动时间和剩余劳动时间两部分,如果其他一切条件相同,剩余价值率就取决于再生产劳动力价值所必需的那部分工作日和为资本家效力的剩余时间或剩余劳动之间的比。剩余价值率反映了工人受剥削的程度。

九 劳动的价值

这一节中,马克思阐明了劳动力价值与劳动的价值在本质上是一致的,但是劳动的价值在表面上具有欺骗性,马克思进一步揭露了资本主义工资掩盖了资本主义的剥削关系。

工人出卖自己的劳动,资本家支付给工人工资,看起来工资是全部

---

① 《马克思恩格斯全集》第 21 卷,北京:人民出版社 2003 年版,第 191 页。

劳动的补偿，可是，"劳动的价值"与"劳动力的价值"是不能完全等同的概念。工人却以为他们的劳动力的价值就是他们的劳动的价值。比如，工作 6 小时，劳动力价格是 3 先令，但是，如果工人工作 12 小时，仍然拿到 3 先令的工资，这 12 小时的劳动价格仍然只是 3 先令。由此得出两个结论：

第一，在资本主义社会，劳动力的价值或价格以劳动的价值或者价格表现出来，具有虚假性。

第二，工人每天的劳动分为必要劳动和剩余劳动两部分，必要劳动时间内的劳动是有偿的，构成劳动力价值的必要劳动时间；剩余劳动时间内的劳动是无偿的，构成劳动力价值的剩余劳动时间。但是，从表面看来，好像全部劳动都是有偿劳动。

工资表现为劳动的价值或价格，看起来是工人干一天活得一天的工资，全部劳动好像都是有报酬的，资产阶级正是用工资的虚假外观来掩盖资本主义剥削的本质。雇佣劳动的这种虚假的外观，与历史上其他形态的劳动都不同。其中，奴隶制社会中，奴隶所有的劳动和成果都归奴隶主所有，有偿劳动看起来也是无偿的劳动；而在封建制度下，农奴在自己的土地上进行有偿劳动，在主人的领地上从事强迫的、无偿的劳动，有偿劳动和无偿劳动是截然分开的；只有在资本主义社会，雇佣工人的有偿劳动和无偿劳动是不可分割地混在一起的，工人被资本家剥削的事实披上了隐形的外衣。

从马克思对工资的本质的分析，我们可以看出，资本主义制度下的工资体现的劳动力买卖关系，形式上是平等的，而事实上却是不平等的。从表面上看，资本家按照工人的劳动付给工人工资，是按照等价交换原则进行的"公平"交易。事实上，资本家使用工人的劳动力，超出必要劳动时间，榨取剩余价值。资本主义的工资形式掩盖了资本家对工人的剥削。

十 利润是按照商品的价值出卖商品获得的

马克思在这一节阐明了资本家的利润的来源，利润是按照商品的价值出卖而获得的，而不是来自以超出商品价值的价格出卖商品。

商品的价值是在生产过程中形成的，包括生产过程中耗费的生产资料的价值和劳动新创造的价值。在工人新创造的价值中，一部分用于支付工人工资，一部分变成利润，被资本家无偿占有。马克思通过举例来说明这个问题。

假定1小时劳动价值6便士，12小时劳动价值为6先令。又假定劳动的价值等于3先令即6小时劳动的产品。生产一种商品，耗费12小时，其中耗费的原材料、机器等价值12先令，工人12小时的劳动体现为6先令，商品总价值18先令。在市场上资本家卖出商品得到18先令的收入，其中12先令用于补偿生产资料耗费的价值，3先令支付工人工资，而剩余的3先令，就是资本家装进自己口袋的剩余价值或利润。我们可以看到，资本家实现这3先令的利润，"不是因为他按照超过商品价值的价格出卖商品，而是因为他按照商品的实际价值出卖这个商品"①。

商品的价值由生产商品所包含的全部劳动量决定。这个劳动量一方面包括消耗掉的生产资料所体现的劳动量，另一方面包括工人新投入的全部劳动。在工人新投入的全部劳动中，一部分体现为用工资形式付过报酬的有偿劳动，另一部分体现为没有付过任何等价的价值的无偿劳动。所以，资本家按照商品价值出卖商品，等于出卖耗费于该商品的全部劳动量，是必定获得利润的。"资本家出卖的不仅有他支付过等价的东西，而且还有他分文未付的东西"②，所以，"正常的、平均的利润，

---

① 《马克思恩格斯全集》第21卷，北京：人民出版社2003年版，第194页。
② 同上书，第195页。

不是由于超过而是由于按照商品的实际价值出卖商品获得的"①。

十一　剩余价值分解成的各个部分

这一节中，马克思讨论了地租、利息和产业利润等剩余价值的不同形态，指出无论形式怎么变化，其实质是一样的，都是产业工人创造的剩余价值。

（一）剩余价值分解为地租、利息和产业利润

工人创造的剩余价值并不是全部落入经营资本家的口袋。资本家要组织工业、农业生产，就需要租用土地，经营资本家就会将部分剩余价值以地租的形式付给土地所有者；经营资本家在遇到资本不足的时候，还需要借款，就需要将一部分剩余价值以利息的形式分给借贷资本家；此外，如果企业家不经营商业，还需要让渡一部分商业利润给商业企业。可见，"地租、利息和产业利润不过是商品的剩余价值或商品中所包含的无偿劳动各个部分的不同名称，他们都是同样从这个泉源并且是从这个泉源产生的。"②

对于工人来说，利润如何在不同的资本家之间进行分配，是经营资本家将其全部占为己有，还是不得不将其中部分剩余价值分配给其他人，这个问题是次要的。因为全部剩余价值被资产阶级作为一个阶级所占有才是问题的关键。经营资本家直接榨取工人生产的剩余价值，不论最终他将其中的哪一部分留给自己。"整个雇佣劳动制度，整个现代生产制度，正是建立在经营资本家和雇佣工人的这种关系基础上的。"③所以，资本家与工人之间的关系才是工人争取自己切身利益最需要关注的根本关系，而不是次要问题。

---

① 《马克思恩格斯全集》第 21 卷，北京：人民出版社 2003 年版，第 195 页。
② 同上。
③ 同上书，第 196 页。

(二) 剩余价值不是地租、利息和利润三个独立部分之和

一方面,商品价值中转移过来的生产资料的价值,只是补偿资本,不构成利润。另一方面,商品价值中的利润部分,并不是由工资、地租和利息三部分总和构成。也就是说,剩余价值被分解为地租、利息和利润三种形式,但并不是说剩余价值是由利润、利息和地租三个独立的价值相加而成。无论是经营资本家、土地所有者还是借贷资本家,他们所能瓜分的全部资金是以工人创造的剩余价值为限度的。"并不是经营资本家在商品的价值上任意加上一份价值作为自己的利润,再加上另一份价值给土地所有者等等,然后,这些任意规定的价值就构成了全部价值。"① 剩余价值的总量是由产业工人在生产过程中创造的,这个固定的数值分解为利润、地租和利息等部分,而不是利润、地租和利息相互加成,生成一个随意规定的剩余价值数量。

(三) 利润率小于剩余价值率掩盖了资本主义的剥削

假定资本家取得 100 英镑的利润,我们计算这 100 英镑对预付资本的比,得到的相对比例我们称之为利润率。利润率有如下两种方式。

一种是拿利润量与预付工资做比。如果创造的剩余价值也是 100 英镑,那么,利润率就是 100 英镑/100 英镑=100%。

另一种,用利润与全部预付资本做比,例如 500 英镑,利润率等于 100 英镑/500 英镑=20%,也就意味着 100 英镑的利润只是预付的全部资本的五分之一。

前一种表示利润率的方式,是有偿劳动与无偿劳动的真实比率,即剩余价值率,真正表现了资本对劳动的剥削。后一种方式表示的利润率小于剩余价值率,便于掩饰资本家榨取工人无偿劳动的程度。

马克思在《工资、价格和利润》这篇演讲中,还没有把剩余价值

---

① 《马克思恩格斯全集》第 21 卷,北京:人民出版社 2003 年版,第 197 页。

和利润、剩余价值率和利润率加以严格区分，在有的地方谈到剩余价值和剩余价值率的时候，仍然沿用了利润和利润率这样的习惯用语。但是，在《资本论》中，马克思将这几个概念做了严格的区分。

十二　利润、工资和价格的一般关系

（一）工资变动不会影响商品价值的变动

除了生产资料附加在商品上的价值以外，商品价值的新增加的部分是雇佣工人劳动创造的价值，这是资本家和工人进行分配的唯一价值，工人的工资和资本家的利润都来自这部分价值。这一价值本身是不会变化，工人和资本家分配的仅仅是这个有限的价值，所以一方得到的多，另一方得到的就少，工资和利润朝着相反的方向变动。但是，无论工资怎么变化，都不会影响商品的价值。工资如果普遍提高，会带来一般利润率的下降，但并不会影响商品的价值。

（二）劳动生产力的变化决定了商品价值的变化，与工资的高低无关

商品的价格是由商品的价值来决定的，是由商品所耗费的社会必要劳动量决定的，它与劳动是有偿劳动还是无偿劳动没有关系。不过，只要社会劳动生产力的水平发生变化，生产商品的社会必要劳动时间就会变化，商品的价值也会随之变化，全社会的商品价值总量也就会随着变化。"在一定的劳动时间内或由一定的劳动量所生产的商品的数或量，取决于所用的劳动的生产力，而不取决于劳动的延伸或长度。"[①] 劳动生产力越高，在单位时间内生产出来的商品就越多，每件商品所花费的劳动时间就越少，从而它的价值量便越小。反过来，劳动生产力越低，

[①] 《马克思恩格斯全集》第 21 卷，北京：人民出版社 2003 年版，第 199 页。

在单位时间内生产出来的商品就越少,每件商品所花的劳动时间就越多,从而它的价值量就越大。由此可见,商品的价值量由耗费在商品中的劳动量决定,而不是由工资的高低决定,这个劳动量的变化又随着劳动生产力的变化而变化。由此可见,韦斯顿的"商品的价格由工资来调节"的教条是错误的。

十三 争取提高工资或反对降低工资的几个主要场合

这一节中,马克思研究了争取提高工资和反对降低工资的几个主要场合,阐明了工人阶级在工资问题上反抗资产阶级的必要性,进一步批判了韦斯顿反对提高工人工资的错误观点。

(一)生活必需品的价格上涨或下降,工人应该争取提高工资或反对降低工资

劳动力的价值由维持工人生存所必须的生活资料的价值决定,如果生活必需品的价格发生了变化,对工资就会产生影响。

一方面,如果劳动生产率降低,就要用更多的劳动来生产同样的产品,工人所消费的生活资料的价值也相应提高。在这种情况下,工人理所应当要求增加他的劳动力价值,要求提高工资。因为工人的劳动力也是一种商品,在与资本家进行交易的时候,就决定了应该增加其报酬与其价值保持一致,决定劳动力价值的生活必需品价格上涨,劳动力价值随之上涨,劳动的价格也就是工人的工资应当上涨到同一水平。否则,劳动的价格如果降到劳动的价值以下,劳动者的生活水平就会下降。

另一方面,如果劳动生产率提高,虽然生产同样数量的生活必需品的劳动就会减少,劳动价值相应降低。但是,减少的价值,仍然能获得和从前一样多的商品。虽然工人的绝对生活水平依然照旧,但是,他的相对工资以及相对社会地位,即与资本家相比较的地位,就会下降。在

这种情况下，工人应当反对降低工资，以获得与劳动生产力增长所匹配的收入，保持以前的相对社会地位不变。

所以，无论在劳动生产率提高或者降低的条件下，工人应当要求提高工资或者至少反对降低工资水平，才能维持绝对的生活水平和相对的社会地位。

（二）在货币价值降低的情况下，工人应当要求提高工资

如果货币价值发生变化，生活必需品的货币价格就会随之变化，在这种情况下，如果劳动力的价值仍然保持原状，事实上的购买力却已经发生变化。特别是，如果货币价值降低，如马克思所举例的，如果出现了发现更丰富的金银矿山等情况，生产货币的劳动量减少，那么货币就会相应贬值。在这种情况下，如果工人的工资保持不变，事实上他的劳动力的货币价格已经低于劳动的价值，事实工资降低，工人的生活水平也会大大降低。所以，在这种情况下，工人不能受资本家的蒙蔽，应当坚定地要求提高工资，以应对货币贬值。

（三）在工作日延长和劳动强度提高的情况下，工人应当为提高工资而斗争

资本为了获得最大的利润，总是趋向延长工作日，提高劳动强度。工作长度增加，工人从事剩余劳动的时间延长，为资本家创造的剩余价值就越多，资本家就能获得更多的利润。可是，工人将自己的劳动力出卖给资本家，是为了保持它，而不是为了毁灭它，对劳动力的使用要局限在一个合理的界限范围内。活的工人与机器不同，机器的损耗转移到新价值中去，年限越短，单位时间内转换的价值越大。而工人的衰老却和他工作的单纯数值正相关，他工作时间越长，就会带来越大的利润。所以，为了防止劳动过度，工人不能只做"一架为别人生产财富的机

器"①,而是要限制资本的横暴掠夺,与资本家做坚决的斗争。

除了延长工作日,资本家还经常加大劳动强度,提高工人的劳动生产率,让工人尽量多干快干,创造更多的剩余价值,加大对工人的剥削。在提高劳动强度的情况下,如果工人工资没有提高,或者虽然有所提高,但提高的程度与劳动力消耗程度不相适应,劳动力的价值就降低了。

在延长工作日和提高劳动强度的情况下,工人为争取提高工资而进行斗争是完全必要的、合理的。

(四)在资本主义生产的周期性循环中,工人要为反对降低工资和争取提高工资而斗争

"资本主义的生产总是要经历一定的周期性循环,它要经过消沉、逐渐活跃、繁荣、生产过剩、危机和停滞等阶段。"② 在不同的阶段,商品的市场价格和市场利润率都会有所变化,有时低于自己的平均水平,有时高于自己的平均水平。

马克思指出,"市场价格的一种偏差是由别种偏差来补正的"③。劳动力商品的价格在资本主义发展的不同阶段,其价格同样会经历变动。在处于危机或停滞的阶段,工人工资一定会下降;反之,在资本主义繁荣发展的阶段,工人的平均工资按照整个工业周期来平均计算,也可能赶不上资本主义发展的速度。工人的劳动也是一种商品,一方面受到劳动力价值的决定,另一方面也根据市场变动有所调整。所以,无论在资本主义的生产循环处于哪个阶段,工人都应该根据实际情况捍卫自己的利益,争取提高工资。

综上所述,马克思分析了争取提高工资和反对降低工资的一些主要

---

① 《马克思恩格斯全集》第 21 卷,北京:人民出版社 2003 年版,第 204 页。
② 同上书,第 205 页。
③ 同上。

场合，这些行动"是劳动对资本的先前行动的反行动"①，也就是说，"提高工资的斗争只不过是在先前的各种变化之后发生的，是生产的规模、劳动的生产力、劳动的价值、货币的价值、被榨取的劳动长度或强度、市场价格的波动——它的波动取决于供给和需求的变动，与工业周期的各个阶段相适应——这些先前的变化的必然结果"②，它根源于资本主义的生产关系，是雇佣劳动制度的必然产物。因此，工人阶级进行反抗，争取提高工资，是完全必要的，理所当然的。韦斯顿不考虑这诸种情况，就反对工人提高工资，得出错误的结论就不可避免。

十四 资本和劳动的斗争及其结果

这一节中，马克思分析了，在资本和劳动的斗争中，进行经济斗争和政治斗争的关系。虽然经济斗争是必要的，但有它的局限性，只有把经济斗争发展为政治斗争，推翻资产阶级的统治，消灭雇佣劳动制度，建立无产阶级专政，才是工人获得解放的唯一道路。

（一）劳动与资本进行斗争，应当争取提高劳动力价值

在资本主义生产关系中，工人的劳动力也是一种商品，既然是商品，在交换过程中就会遵循价值规律，劳动力商品价格的提高，也就是工资的普遍提高，只会引起一般利润率的降低，而不会影响商品的价格。那么，在资本与劳动的斗争中，工人阶级能够取得多大的成功？

工资是劳动力价值的货币表现，即劳动力的价格。和其他商品一样，劳动力的市场价格也受到供求关系的影响，然而从较长时期来看，工资与劳动力的价值是相适应的。但是，劳动力的价值又与其他商品价值有所不同，有自己的特点。劳动力的价值由两种要素构成：一种是纯

---

① 《马克思恩格斯全集》第21卷，北京：人民出版社2003年版，第206页。
② 同上。

生理的要素，另一种是历史的或社会的要素。其中，纯生理因素一方面是为了维持自己和后代的生存所需要的生活必需品，这构成劳动力价值的最低界限，另一方面是指工人的体力所决定的工作日长度的极限。所谓历史的和社会的要素，取决于人们所处的社会条件的需要，这个要素是有一定的弹性的，在不同的国家、社会，其需要不尽相同。

我们看到，在不同的国家或同一国家不同历史时期，劳动力的价值都不是一个固定的量，而是一个变化的量。甚至其他一切商品的价值都不变，劳动力的价值也可能变化，工资也可能变化。

工资是可变动，利润和利润率也是变动的。我们知道，工资和利润都来自工人创造的剩余价值，工资增加了，利润就会减少；反之，工资减少了，利润就会增加。工资和利润朝着相反的方向变动，工人阶级和资产阶级的利益是根本对立的。资本家对工人创造的价值的占有，也是有一个最低的限度的，他们要保证对工人进行剥削的可持续性，不能动摇资本主义存在的基础。所以，利润的最高限度，也是工资的最低限度，要受到工人生理上所能容许的最高劳动强度和时间的限制。利润和工资水平相互拉锯，"归根到底，这是斗争双方力量对比的问题"。① 只要工人联合起来捍卫自己的生存权利，同资产阶级进行坚决的斗争，就有可能取得提高工资或反对降低工资的斗争的胜利。

（二）资本主义发展的总趋势是降低工资的平均水平，工人阶级应当进行抗争，延缓工资下降的趋势

在英国，工人工作日长度得到限制，是靠立法来得到确认，这是工人阶级组织起来长期抗争的结果，而不是与资本家协商获得的。从这一事实，我们可以看到，在经济上，资本是比较强有力的一方，工人阶级进行经济斗争的同时，更要积极采取政治行动。

马克思接着谈到了平均工资水平下降的趋势，并分析了原因和规

---

① 《马克思恩格斯全集》第21卷，北京：人民出版社2003年版，第209页。

律。工资水平要受到劳动力供求关系的影响，在资本主义制度下，资本家可以采用机器替代人工，造成劳动力供过于求，大批工人被解雇。机器的使用，使复杂劳动变得简单，大批妇女和儿童也加入到雇佣劳动者的队伍，一方面增加了劳动力供给，工人就得被迫接受越来越低的工资水平，另一方面复杂劳动简单化，从事简单劳动的劳动力价值较低，从而拉低整个劳动力的价值水平。

实际工资下降的趋势，还通过资本积累的比例关系表现出来，也就是资本的构成，随着资本积累的增加，造成大量相对过剩人口，使工资水平降低。马克思在这里没有明确提出来资本有机构成的概念，但是他通过列举以往经济学家的观点，表达了资本有机构成不断提高的观点。在资本主义生产中，资本的积累不断发生递增，相比较而言，活劳动在全部资本中所占的比例就显现越来越小的趋势。"这种变化会越来越有利于资本家而有害于工人，所以资本主义生产的总趋势不是提高而是降低工资的平均水平"[①]，资本有机构成逐渐提高，结果必然造成大批工人失业，造成大量的相对人口过剩，而大量失业人口的存在，又势必造成工人平均工资的普遍下降和工人日益贫困。

虽然资本有机构成不断提高是一个趋势，但是工人阶级不应当放弃对抗资产阶级的斗争，要继续为提高工资和反对降低工资而进行斗争，这样会延缓工资水平下降的趋势，争得劳动条件和生活条件的改善。

（三）消灭雇佣劳动制度，是工人阶级获得解放的唯一道路

马克思在文章的末尾，提出了一个决议案作为全书的总结。这个决议案，为第一国际制定了正确的路线和方针，是无产阶级消灭雇佣劳动制度、争取解放的革命纲领。

第一，马克思说明了经济斗争仍然是必要的。"工资水平的普遍提

[①]《马克思恩格斯全集》第21卷，北京：人民出版社2003年版，第211页。

高，会引起一般利润率的降低。但整个来说并不影响商品的价格。"①那种认为工资水平提高会引起物价上涨而工人阶级得不到任何好处的观点，是错误的。工人阶级为了自身的生存，为了阻止或延缓经济地位的恶化，必须组织起来，同资本家展开长期的斗争。

第二，同时，马克思指出要充分认识到资本主义发展的客观趋势，"资本主义生产的总趋势不是提高工资的平均水平，而是降低这个水平"②，经济斗争会受到客观趋势的限制。

第三，要辩证地看待工联的作用，一方面他们作为抵制资本进攻的中心，工作颇有成效，另一方面，他进行的游击式的斗争不够彻底，只限于反对现有制度所产生的结果，而不是努力改变资本主义制度，消灭雇佣劳动，真正赢得工人的解放。

工人阶级为了获得解放，他们应当懂得："现代制度给他们带来一切贫困，同时又造成社会进行经济改造所必需的种种物质条件和社会形式。他们应当摒弃'做一天公平的工作，得一天公平的工资'这种保守的格言，要在自己的旗帜上写上革命的口号：'消灭雇佣劳动制度！'"③ 资本主义的发展，还为进行社会主义革命创造了种种物质条件和社会形式，客观上为社会主义取代资本主义做了准备。

---

① 《马克思恩格斯全集》第 21 卷，北京：人民出版社 2003 年版，第 212 页。
② 同上。
③ 同上书，第 211 页。

第六章　当代解读

在《工资、价格和利润》一文中,马克思用工人阶级能够听懂的方式,通俗易懂地向他们介绍了《资本论》中的剩余价值理论,阐述了他的经济学理论,并将经济学理论用来指导工人运动的实践。

一　经济学原理的通俗解读

《工资、价格和利润》的报告,是马克思在1861—1863年《资本论》手稿所阐明的基本原理和实际资料基础上所作的。自从1859年第一次发表《政治经济学批判。第一分册》以来,马克思没有再公开过其在政治经济学研究方面的进展,虽然,事实上,他已经投入政治经济学研究十数年时间,并且写下了庞大的经济学研究手稿。实际上,从《1857—1858年经济学手稿》,到《政治经济学批判。第一分册》,再到《1861—1863年经济学手稿》,马克思对政治经济学理论和资本主义经济社会的实践发展保持着持续的关注,并运用经济学理论持续对其进行分析和批判。《工资、价格和利润》形成时期,他正在紧张地进行《资本论》的创作。《工资、价格和利润》的报告,正是马克思以《资本论》创作的手稿和思想为基础,用通俗的语言阐述了政治经济学的基本原理,其中主要包括劳动价值论和剩余价值论的基本理论观点。

(一) 劳动价值论基本观点

劳动价值论是马克思政治经济学批判理论的基础，马克思在《工资、价格和利润》这部著作中，阐述了商品的价格和价值决定、劳动时间、工资等范畴，并阐明了他们相互之间的关系，为全部报告奠定了理论基础。

马克思指出商品是社会劳动的结晶，商品的价值的大小或它的相对价值，取决于它所含的社会劳动量的大小，也就是说，取决于生产它所必需的相对劳动量。所以各个商品的相对价值，是由耗费于、体现于、凝固于该商品中的相应的劳动数量或劳动量决定的。那么商品价值由工资来决定与商品价值由生产该商品所必需的相对劳动量来决定，其间果真有什么区别或多大的差异吗？我们应当知道，劳动报酬和劳动数量是完全不相同的东西。商品的价值与生产这些商品所耗费的劳动时间成正比，而与所耗费的劳动的生产力成反比。

马克思的劳动价值学说为揭露资本主义剥削制度的秘密奠定了科学的理论基础。商品交换中表现出来的价值量的关系，实际上是它们所含的劳动量的关系。马克思强调，作为工资的劳动报酬同决定商品价值量的劳动数量是完全不相同的。它们是两个不等的量，前者只能少于后者，而不能等于或多于后者。工资要受工人所生产的商品价值的限制，但商品的价值，却丝毫不受工资的限制。因此，那种"商品价值是由工资决定"的论调，显然是荒谬的。

马克思指出，商品价值量的大小不取决于任何个人在生产商品上的劳动消耗量，而取决于社会平均必要劳动量。而且，随着社会劳动生产力的变化，社会平均的必要劳动量也在不断变化。劳动的生产力越高，单位时间内的产量就越多，而单位产品的劳动耗费就越少；反之则相反。商品的价格是商品价值的货币表现。价值转化为价格，是在商品市场上供给与需求的变动过程中实现的。在供求的变动中，市场价格经常表现出与其价值相背离的情形。但从整个价格运动的长期过程来看，价格的上涨与下跌，终究要相互抵消，而同其价值趋于一致。

（二）剩余价值基本原理

马克思在《工资、价格和利润》中，也通俗地论述了剩余价值的基本原理。剩余价值是马克思两大理论发现之一，是马克思主义政治经济学最有批判力的理论武器。

马克思指出，工人出卖的并不直接是他的劳动，而是工人暂时由资本家支配的劳动力。劳动力的价值，是由生产、发展、维持和延续劳动力所必需的生活必需品的价值决定的。马克思把劳动力和劳动严格加以区别，指出工人出卖的是劳动力而不是劳动。"这里并不是单纯的咬文嚼字，而是牵涉到全部政治经济学中一个极重要的问题。"[①] 正是在此基础上，马克思科学论证了剩余价值是怎样生产出来的，从而揭示了资本主义剥削的秘密。

首先，资本主义的生产或雇佣劳动制度，正是在资本和劳动之间的这种交换的基础上建立的，这种交换必然不断地造成这样的结果：工人作为工人被再生产出来，资本家作为资本家被再生产出来。资本主义的生产或雇佣劳动制度，是以资本和劳动之间的交换为基础的，这种交换保证了工人只能获得仅足以养家糊口的微薄工资，而保证了资本家获得高额利润，他们原有的经济地位和阶级地位因此也就没有发生什么变化。资本主义生产正是在这种交换中不断扩大，趋向灭亡。虽然工人每天的劳动只有一部分是有偿的，另一部分是无偿的，这无偿的或剩余的劳动正是产生剩余价值或利润的基础，但是看起来好像全部劳动都是有偿的劳动，这正是资本剥削的隐秘假象。资本主义的雇佣劳动制度，具有隐蔽性和欺骗性，它给人们造成一种假象：本来是劳动力的价值或价格，却具有劳动本身的价值或价格的外观；本来工人的劳动只有一部分

[①] 《马克思恩格斯文集》第1卷，北京：人民出版社2009年版，第736页。

是有偿的，另一部分是无偿的，但是在工资这个表象上仿佛全部劳动都是有偿的。马克思强调把劳动价值和劳动力价值严格区分开来，真正揭露了资本主义工资的实质，找到了剩余价值或利润的真正源泉。

其次，资本家按照商品的价值出卖商品，即出卖耗费于该商品的全部劳动量的结晶，是必定获得利润的。资本家出卖的不仅有他支付过的等价的部分，而且还有他分文未付的部分，虽然这部分东西曾耗费了工人的劳动。资本家花在商品上的费用，和商品的实在费用，是不同的两码事。所以，正常的、平均的利润，不是由于超过而是由于按照商品的实际价值出卖商品获得的。

再次，马克思通过对商品价值构成的各个部分的分析，依据等价交换原则，更深入地揭示了资本主义利润的真正来源，再一次指出了利润不是按照超过商品价值的价格出卖商品得来的。那种认为利润是按照超过商品价值的价格出卖商品得到的说法，实际上是说，利润是在流通中产生的。这种"流通中产生利润"的论调，显然违背了价值交换规律，实质上混淆了生产商品的有偿劳动和无偿劳动、资本家在商品上费去的和生产商品实际费去的区别，抹杀了利润的真正源泉，掩盖了资本主义剥削的实质。地租、利息和产业利润不过是商品的剩余价值或商品中所包含的无偿劳动各个部分的不同名称，它们都是同样从这个泉源并且只是从这个泉源产生的。

剩余价值是资本主义社会各个剥削集团收入的总源泉，它以利润、利息、地租、赋税等各种不同的形式被瓜分。产业资本家得到的是产业利润，商业资本家得到的是商业利润，借贷资本家得到的是利息，土地所有者得到的是地租，资产阶级国家的各级政府则以赋税的形式获得一部分剩余价值。也就是说，剩余价值被分解为利润、利息和地租等部分。马克思概述了资产阶级对剩余价值的瓜分问题，揭示了工人阶级同整个资产阶级相对抗的经济根源。

资本家和工人所能分配的仅仅是这个有限的价值，即按工人的全部劳动来测量的价值，所以一方分得的越多，另一方分得的就越少，反之亦然。一个一定的数，其中一部分在增加时，另一部分相反地总要减少。工资有了变动，利润就要朝相反的方向变动。工资下降了，利润就要上涨；工资上涨了，利润就要下降……但是，这所有的变动都不会影响商品的价值。所以，工资的普遍提高只会引起一般利润率的降低，而不会影响商品的价值。

最后，马克思分析了工资、价格和利润之间的相互关系。商品的价值是由消耗在商品上的各种生产资料的价值、工资和利润这三个部分构成的。前一部分是过去劳动的价值，后两部分是工人在生产过程中新加上的劳动量所表现的新价值。这个新价值一经被工人创造出来，就是一个不会再变动的量。但在这个定量中所包含的工资和利润之间的分配比例却可以变化。工资提高，利润便减少，反之亦然。所以，"工资的普遍提高只会引起一般利润率的降低，而不会影响商品的价值。"韦斯顿所谓的"商品价值由工资决定，工资提高会引起价格上涨"，显然是讲不通的。

二 经济斗争的意义和局限

马克思发现，资本主义的发展有着不可避免的客观趋势，随着投入生产的生产资料的增加，随着科学技术的进步，资本有机构成有不断提高的趋势，工人的活劳动在生产中占据的比例越来越小，导致工人工资水平的下降。在应对客观经济趋势的时候，工人阶级进行经济斗争是必要的，但是经济斗争的作用却是有限的。

在工业发展的进程中，对劳动的需求总是赶不上资本的积累。这一需求是在增加，但是与资本的增加相比，不过是在递减的比例上增加的。随着资本积累的发展，资本有机构成有不断提高的趋势，同总资本的增大相比，资本对劳动力的需求相对减少。因此，现代工业的发展本身一定会越来越有利于资本家而有害于工人，所以资本主义生产的总趋势不是提高平均工资水平，而是使它降低，也就是在不同程度上使劳动的价值降到它的最低限度。工人绝不能听任这种趋势的发展，应该组织起来，为提高工资水平进行斗争。

"他们（工人阶级）不应当忘记：在日常斗争中他们反对的只是结果，而不是产生这种结果的原因；他们延缓下降的趋势，而不改变它的方向；他们服用止痛剂，而不祛除病根。所以他们不应当只局限于这些不可避免的、因资本永不停止的进攻或市场的各种变动而不断引起的游击式的搏斗。他们应当懂得：现代制度给他们带来一切贫困，同时又造成对社会进行经济改造所必需的种种物质条件和社会形式。他们应当摒弃'做一天公平的工作，得一天公平的工资！'这种保守的格言，要在自己的旗帜上写上革命的口号：'消灭雇佣劳动制度！'"①

马克思在充分肯定工人为提高工资而进行经济斗争的必要性和意义的同时，指出不应离开政治斗争而片面夸大经济斗争的作用。即使经济斗争取得某些胜利，那也只是工人阶级社会经济地位局部的、非本质的变化，经济斗争只是在资本进攻面前的被动应战、游击式的搏斗。因此，工人阶级的斗争不应局限于暂时改善当前的生活状况，而应该从根本上改变工人阶级的阶级地位，为消灭剥削制度而斗争。

三 资本与劳动的斗争仍在继续

资本主义发展的周期中，有不同的阶段，处于资本主义经济危机的时候，工人的工资水平下降，工人应当争取增加工资。今天，资本主义经济危机仍然间断性发生，马克思所预言的问题没有过时，仍然存在，工人阶级受剥削的现状没有改变，反而出现了一些新情况。现代化机器的运用，特别是现代科学技术的迅猛发展，推动生产力的发展以前所未有的速度呈现。

资本主义国家在经济上和政治上出现一些新情况，对工人阶级的剥

---

① 《马克思恩格斯全集》第21卷，北京：人民出版社2003年版，第211页。

削显得更加隐蔽。无论是政治上多党轮流执政，老百姓有选举权和被选举权，扩大了公民参与政治的范围和权力，还是在经济上，高速发展的经济也会部分地惠及普通民众，还是从社会方面看，一些发达资本主义国家有能力支持高福利政策，工人阶级的基本生活得到保障，劳动条件得到改善。但是，我们要清醒地认识到，无论是基于科学技术的进步，还是社会制度的调整带来的改变，都没有从根本上改变阶级关系，没有改变资本主义社会的性质，和资本主义生产的私人性质，资本与劳动之间的斗争从来没有中断过。

第四部分　经典著作选编

卡·马克思

工资、价格和利润

[引言]

公民们！

在讨论这个问题以前，允许我先说几句开场白。

目前大陆上有一种真正的罢工流行病，闹着要求增加工资。这个问题将在我们的大会上讨论。你们是国际协会的领导，对这个极重要的问题应当有确定的见解。因此，我认为有责任把这个问题彻底分析一下，即使你们不耐烦我也不在乎。

我要预先说明的另一点，是关于公民韦斯顿。他不仅向你们提出一些他明知不受工人阶级欢迎的观点，而且公开为之辩护，还自以为是在维护工人阶级的利益。这种在道义上表现出来的勇气，我们每个人都应该深表尊敬。尽管我这篇报告措辞直率，我希望，在报告结束后，公民韦斯顿将会发现，我同意的是在我看来正是构成他的论点基础的那种思想，不过我不得不认为，这些论点就其现有的形式来讲，在理论上是错误的，在实践中是危险的。

我现在就来谈正题。

1. [生产和工资]

公民韦斯顿的论证,实际上是根据两个前提:

首先,**国民产品量**是**固定不变的**,或者像数学家所说的,是一个常量或常数;

其次,**实际工资总额**,也就是说,按照能够用以购买的商品的数量来测定的工资总额,是一个**不变**额,一个**常数**。

他的前一个论断显然是错误的。你们可以看到,产品的价值和数量在逐年增加,国民劳动的生产力在逐年扩大,而这种日益增加的产品的流通所必需的货币数量也在不断变化。一年告终时是如此,就可相互比较的各个不同年度来说是如此,就一年中每个平均日来说也是如此。国民产品的数或量总是在不断变化。它不是一个常数,而是一个变数,撇开人口的变化不谈,它也必然如此,因为**资本积累**和**劳动生产力**总是在不断地变化。的确,假如工资水平普遍提高了,这种提高**本身**,无论其后果如何,决不会**立即**改变产品量。这种提高最初可能是由当时的实际情况造成的。但是,如果**在**工资提高**之前**,国民产品是一个变数而不是一个常数,那么,**在**工资提高**之后**,它仍然是一个**变**数而不是一个**常**数。

但是,假定说,国民产品量不是**变**数,而是**常**数。即使如此,我们的朋友韦斯顿当做逻辑结论的东西,也只是一种武断。如果我们有一个已知数,比如说是8,那么这个数的**绝对**界限并不妨碍它的各部分改变其**相对**界限。如果利润为6,工资为2,那么工资可能增加至6,利润减少至2,而总数仍然是8。因此,产品量的固定不变,无论如何也不能证明工资总额也是固定不变的。那么,我们的朋友韦斯顿究竟怎样证明工资总额是固定不变的呢?不过是武断而已。

但是,即使同意他的论断,那么它也应当在两方面都说得通,然而公民韦斯顿却使它只能说明一个方面。如果工资总额是一个常数,它就既不能增加，也不能减少。因此，如果说工人争取暂时增加工资很愚蠢，那么资本家争取暂时降低工资也很愚蠢。我们的朋友韦斯顿并不否认，在一定的情况下，工人**能够**迫使资本家增加工资，但是，他觉得工资总额是天然固定不变的，工资增加后必然会有一个反作用。另一方面，他也知道资本家**能够**压低工资，而且确实经常想压低它。依照工资不变的原则，在这种场合，也应当像在前一种场合一样，随后有一个反作用。所以，工人对降低工资的企图或对工资已经降低的现象进行反抗是正确的。所以，他们力求**增加工资**也是正确的，因为任何一种**反抗降低工资**的**行动**都是一种争取增加工资的**行动**。依照公民韦斯顿的**工资不变**原则，工人也应当在一定情况下联合起来，为增加工资而斗争。

如果他否认这个结论，他就必须放弃那个所以得出这个结论的前提。他就不该说工资总额是一个**常数**，而应该说工资总额尽管不能而且不该**提高**，但是它随时可能而且应该**降低**，只要是资本家想把它降低。如果资本家想给你们吃的是马铃薯而不是肉，是燕麦而不是小麦，你们也必须把他的愿望当做政治经济学的一条规律而唯命是从。如果一个国家的工资水平比另一个国家的高，例如美国的比英国的高，你们就应当以美国资本家的愿望和英国资本家的愿望的不同来解释这种工资水平的不同，毫无疑问，这种方法不仅会使经济现象的研究工作，而且也会使其他一切现象的研究工作十分简单化。

不过，即使如此，我们也可以问：**为什么美国资本家的愿望不同于英国资本家的愿望？**为了回答这个问题，就得超出愿望的范围。一个牧师会说：上帝愿意法国是一个样，愿意英国是另一个样。如果我要求他解释这种愿望的两重性，他会厚起脸皮回答，上帝愿意在法国抱一种愿望，在英国抱另一种愿望。但是，我们的朋友韦斯顿当然决不会去作这种完全否定一切推理的论证。

诚然，资本家的**愿望**是获取尽量多的东西。但是，我们的任务不是要谈论他的**愿望**，而是要研究他的**力量**。研究那股**力量的界限**以及**那些界限的性质**。

2. [生产、工资、利润]

公民韦斯顿向我们作的演说，三言两语就可以说清楚了。

他的全部推论归结如下：如果工人阶级强迫资本家阶级以货币工资形式付 5 先令，而不是 4 先令，那么，资本家以商品形式归还的，将会是值 4 先令的东西，而不是值 5 先令的东西。工人阶级就不得不用 5 先令去买在工资增加之前用 4 先令就能买到的东西。为什么会这样呢？为什么资本家把只值 4 先令的东西要卖 5 先令呢？因为工资额是固定不变的。但是为什么工资额被固定在值 4 先令的商品上？为什么不是值 3 或 2 先令，或其他数目的商品上呢？如果工资额的界限是由一条既不依资本家的愿望又不依工人的愿望为转移的经济规律决定的，公民韦斯顿就应当首先阐述这条规律，并加以证明。其次，他还应当证明，在每一个特定的时期内，实际上所支付的工资额，总是完全符合必要的工资额而决不能偏离它。另一方面，如果工资额的一定界限**只是**取决于资本家的**愿望**或取决于他的贪欲的界限，这种界限就是随意的，没有什么必然性，可以**依照**资本家的愿望而改变，因此也可以**违反**他的愿望而改变。

公民韦斯顿对他的理论是这样解释的：有一个盆盛着一定量的汤，供一定数量的人分食，这一定量的汤决不会因为汤匙子的增大而增多。真让人觉得这个例子未免有点笨拙①。这使我想起梅涅尼·阿格利巴用过的一个比喻。当罗马平民反抗罗马贵族时，贵族阿格利巴对他们说，作为胃的贵族养活着国家躯体上作为肢体的平民。阿格利巴却没能证明，填满一个人的胃怎么就可以养活另一个人的肢体。公民韦斯顿想必忘记了，在工人们喝汤的那个汤盆里盛着国民劳动的全部产品，他们不能舀出更多的汤，既不是因为汤盆的容量小，也不是因为汤盆里盛的东西少，只是因为他们的汤匙太小了。

---

① 前一句中"匙子"的原文是"spoon"，也有"笨汉"的意思；此处"笨拙"的原文是"spoony"，是"spoon"的形容词。——编者注

资本家用什么诡计能把只值 4 先令的东西卖 5 先令呢？就是靠抬高他出卖的商品的价格。那么，商品价格的提高，或者，更广泛些说，商品价格的变动，以及商品价格本身，是否仅仅取决于资本家的愿望呢？或者相反，是否需要一定的条件才能实现这个愿望呢？如果不需要，那么市场价格的涨落及其不断的变动，就成为一个不可解答的谜了。

既然我们假定，无论劳动生产力，还是资本和所使用的劳动的数量以及估量产品价值的货币价值都没有变化，而**变化的只是工资水平**，那么这种**工资的提高**怎么能够影响**商品的价格**呢？只有影响这些商品的实际供求关系，才能影响商品的价格。

的确，整个来说，工人阶级总是把自己的收入花费在并且不得不花费在**生活必需品**上。所以工资水平的普遍提高总要引起对**生活必需品**的需求的提高，从而引起生活必需品**市场价格**的提高。生产这些必需品的资本家支付的工资提高了，就靠提高他们的商品的市场价格来求得补偿。但是那些**不生产**生活必需品的资本家又怎样呢？决不要以为他们人数很少。你们仔细想一下，国民产品的三分之二被五分之一的人口消费掉了——最近一位下院议员说只被七分之一的人口消费掉了——，那你们就会知道，该有多么大的一批国民产品要作为奢侈品来生产或用来**交换**奢侈品，该有多么大量的生活必需品要浪费在豢养仆役、马匹、猫等等上面；我们凭经验知道，这种浪费，随着生活必需品价格的提高，总是要大受限制的。

那么，那些**不**生产生活必需品的资本家的处境究竟会怎样呢？工资的普遍提高必然引起**利润率的下降**，他们不可能靠**提高自己商品的价格**来求得补偿，因为对这些商品的需求是不会增加的。他们的收入会减少，从这种已经减少的收入中，他们不得不支付更多的钱才能买到同样数量的价格已经提高的生活必需品。不仅如此。他们的收入减少了，就不得不缩减用于奢侈品的支出，因此他们彼此对于各自商品的需求也要缩减。需求额缩减了，他们的商品的价格就会降低。所以在这些工业部门中，**利润率就会下降**，这种下降不仅与工资水平的普遍提高成比例，而且与工资的普遍提高、生活必需品价格的上升和奢侈品价格的下降都成复比例。

对于投在各个不同工业部门中的那些资本来说,这种**利润率的差别**会有什么样的后果呢?当然,其后果也同各个生产部门中的**平均利润率**因某种原因而产生差别时一样。资本和劳动就会从获利较少的部门转移到获利较多的部门,这种转移过程一直要延续下去,直到一些工业部门的供给量上升到符合于增长了的需求量,而其他工业部门的供给量下降到符合于缩减了的需求量时才会停止。**经过这种变化,一般利润率才会在各个工业部门中重新平均化**。整个这种转变,最初只是起因于各种商品供求关系的变动,这个原因一旦消失,它的作用就会停止,**价格**就会回到原来的水平和平衡状态。因工资提高而引起的**利润率的下降**,不会局限于某些工业部门,一定会成为**普遍的**现象。按照我们的假定,劳动生产力没有变化,产品总量也没有变化,**只是这一定量的产品会改变自己的形式**。大部分产品将以生活必需品的形式存在,小部分产品将以奢侈品的形式存在,或者,结果一样,小部分产品将用来交换外国奢侈品并以其原来的形式消费掉;或者,结果也一样,大部分本国产品将用来交换外国的生活必需品,而不是奢侈品。因此工资水平的普遍提高,在市场价格暂时混乱之后,只会引起利润率的普遍下降,不会引起商品价格任何长期的变动。

如果有人说,在上述论证中,我假定全部工资增加数都花费在生活必需品上,我就回答,我作的这个假定是最有利于公民韦斯顿的观点的。如果工资增加数花费在从前不是工人们消费的物品上,那么,他们的购买力的实际提高就无须证明了。可是,他们购买力的提高只是由于工资的增加,那么这种提高就应该恰巧相当于资本家购买力的降低。因此,对商品的**总需求量**不会**增加**,但是这种需求的各个构成部分可能会**改变**。一方增加的需求会被另一方减少的需求抵消。总的需求量因此仍旧不变,商品的市场价格无论如何也不会变动。

因此必须二者择一:或者是工资增加数均等地花费在一切消费品

上,于是工人阶级方面的需求的扩大就该由资本家阶级方面的需求的缩减来抵偿;或者是工资增加数只花费在某几种市场价格将暂时上涨的物品上。这样,一些工业部门的利润率的必然上升,以及另一些工业部门的利润率的必然下降,就会引起资本和劳动分配上的变化,这种变化必将继续下去,直到供给量在一些工业部门中增加到符合于增长了的需求量,在另一些工业部门中降低到符合于减少了的需求量时为止。在前一种假定下,商品的价格不会发生变动。在后一种假定下,商品的交换价值经过市场价格的某些波动之后,又会降到原先的水平。在这两种假定下,工资水平的普遍提高,终究不会引起任何别的后果,只会引起利润率的普遍下降。

为了唤起你们的想象力,公民韦斯顿要求你们想一想,英国农业工人的工资普遍从9先令增加到18先令,会引起哪些困难。他大声疾呼,请想一想生活必需品需求的大量增加和接踵而来的价格的惊人上涨吧。当然你们都知道,美国农业工人的平均工资比英国农业工人的平均工资多一倍以上,虽然美国农产品的价格比英国低,虽然美国的资本与劳动的整个关系同英国一样,虽然美国产品的年产量比英国少得多。我们的朋友为什么要敲警钟呢?只不过是为了回避我们面临的实际问题罢了。工资忽然从9先令增加到18先令,就是说工资忽然增加了100%。不过,我们现在决不是要讨论英国普遍的工资水平能不能突然提高100%的问题。我们完全不必讨论提高的**数量**,它在每一个具体场合下,都应该取决于并适应于一定的情况。我们只想弄清楚,工资水平的普遍提高,即使不超过1%,将会产生什么样的后果。

姑且不谈我们的朋友韦斯顿关于工资提高100%的幻想,我想请你们注意英国在1849年至1859年这一时期确实提高过工资。

你们都知道自1848年起实行的十小时工作日法案,更确切地说,十小时半工作日法案。这是我们亲眼见过的重大的经济改革之一。这是一次突然和强制性的提高工资,并不是发生在某些地方行业中,而是发生在英国赖以统治世界市场的那些主要工业部门中。这是在特别不利情况下的提高工资。尤尔博士、西尼耳教授以及资产阶级经济学的其他所有的官方代言人都曾**证明**——我应该指出,他们的论据比我们的朋友韦斯顿的更有力——这是为英国工业敲丧钟。他们证明说,问题不在于简单的工资增加,而在于这种工资的增加起因于并基于所使用的劳动量的减少。他们断言,人们想从资本家手里夺去的第十二小时,正好是资本家赖以获得利润的唯一的一个小时。他们危言耸听,说这会使积累减少,价格提高,市场丧失,生产缩小,从而引起工资降低,弄得彻底破产。他们甚至声称,马克西米利安·罗伯斯比尔的最大限度法令与这个法案相比就微不足道了;在某种意义上,他们说得有理。但是,结果怎样呢?结果是:尽管工作日缩短,工厂工人的货币工资却提高了;工厂的在业工人数目大大增加了;工厂产品的价格不断降低了;工厂工人的劳动生产力惊人地发展了;工厂产品的销售市场空前地扩大了。1861年在曼彻斯特科学促进协会的会议上,我亲自听到**纽曼**先生承认,他本人、尤尔博士、西尼耳以及经济科学的其他所有的官方代言人都错了,而人民的直觉是正确的。我说的不是弗兰西斯·纽曼教授,而是威廉·纽曼先生,因为他在经济科学中占有重要的地位,是**托马斯·图克**先生的《价格史》一书的合著者和出版者,《价格史》是一部追溯了1793年至1856年的价格史的佳作。如果我们的朋友韦斯顿的固定不变的观念,即关于不变的工资总额、不变的产品量、不变的劳动生产力水平、不变的资本家的愿望以及他的其他各种固定不变论和最终完成论都是正确的,那么西尼耳教授的悲观的预言也应该是正确的,而早在1816年就宣布普遍限制工作日是解放工人阶级的第一个准备步骤[①]、不顾一般人的成见独自在新拉纳克自己的棉织工厂里真正实行这一步骤的罗伯特·欧文却是错了。

在十小时工作日法案颁布实行并从而引起工资提高的时候,在大不列颠,由于某些不必在此列举的原因,曾有过**一次农业工人工资的普遍**

---

① 见罗·欧文《评工业体系的影响》1817年伦敦版第76页。——编者注

提高。

虽然有些话我可以暂时不说，但为了不使你们误会，我还是要在这里预先说明几句。

如果一个人每星期的工资是 2 先令，后来他的工资提高到 4 先令，那么**工资水平**就提高了 100%。若从**工资水平**的提高来看，这可以说是很了不起的，尽管**实际的工资数额**，每星期 4 先令，仍然少得可怜，难以温饱。所以不应当陶醉于动听的工资水平提高的百分比。必须经常问：**原来**的工资数是多少？

其次，不难理解，如果 10 个人每星期各得 2 先令，5 个人每星期各得 5 先令，还有 5 个人每星期各得 11 先令，这 20 个人每星期总共收入 100 先令或 5 英镑。如果后来他们每星期的工资**总数**有了增加，假定为 20%，那就是从 5 英镑增加到了 6 英镑。就平均数来看，可以说**工资的总的水平**增加了 20%，尽管实际上其中 10 个人的工资并没有变，5 个人的工资每人从 5 先令增加到 6 先令，另外 5 个人的工资总额则从 55 先令增加到 70 先令。其中半数人的状况丝毫没有改善，$\frac{1}{4}$ 的人稍有改善，只有剩下的 $\frac{1}{4}$ 的人，才真正有所改善。然而，再以**平均数**来计算，这 20 个人的工资总数是增加了 20%，就雇用他们的全部资本而论，就他们所生产的商品的价格而论，就仍然好像他们真的均等地分享了工资的平均增长额。在关于那些农业工人的例子中，英格兰和苏格兰各个郡的工资水平极不相同，所以工资的提高对他们的影响也很不平衡。

最后，在这次工资提高的时期，有些事起了抵消作用，例如对俄战争引起的新的税赋，农业工人住宅的大批毁坏，等等。

我就先说这么多，现在就来谈大不列颠农业工人工资的平均水平在 1849 年至 1859 年这一时期**大约提高了 40%**这件事。我可以举出大量的详细材料来证明我的论述，但是，就当前来说，我认为只要请你们去看一看已故的**约翰·查·摩尔顿**先生 1859 年在伦敦技艺协会宣读的《论农业中使用的动力》那篇诚实的批判性的报告，也就够了。摩尔顿先生引用的材料，是从苏格兰12个郡和英格兰35个郡内大约100个农场主的账簿和其他真实文据中搜集的。

按照我们的朋友韦斯顿的意见，再考虑到工厂工人工资的同时提高，农产品的价格在1849—1859年间应该有惊人的上涨。但实际情况怎样呢？虽然发生了对俄战争，1854—1856年又连续歉收，英国主要农产品小麦的平均价却从1838—1848年的每一夸特约3英镑，降到1849—1859年的每一夸特约2英镑10先令。这就是说，在农业工人的平均工资提高40%的同时，小麦的价格降低了16%以上。在同一时期，如果把末期同初期，即1859年同1849年比较一下，正式登记的贫民已从934419人减到860470人，即减少了73949人。我承认，减少的数目确实很小，而在以后几年又未见减少，但毕竟是减少了。

有人会说，由于废除了谷物法，1849—1859年外国谷物的进口比1838—1848年增加一倍以上。结果怎样呢？根据公民韦斯顿的观点，国外市场上发生这样突然的、巨大的和不断增长的需求，一定会使农产品的价格猛涨，这种增长的需求无论是发生在国外或者是国内，影响都是相同的。实际情形又是怎样呢？除了几个歉收的年份，法国在这段时期，粮价惨跌已成为人们的经常话题，美国人不得不屡次焚毁他们多余的产品，如果我们相信乌尔卡尔特先生的话，我们就会认为俄国怂恿了美国的内战，因为美国佬在欧洲市场上的竞争破坏了俄国农产品的输出。

如果把公民韦斯顿的论证**化为抽象的形式**，就是：

需求的任何提高，总是在一定的产品量的基础上发生的。因此，需求的提高**决不能增加所需的各种商品的供给，只能抬高这些商品的货币价格**。可是，通过最普通的观察也可以看到，需求的提高有时会使商品的市场价格完全不变，有时也会引起市场价格的暂时提高，接着就是供给的增加，接着就是价格再降**到**原先的水平，多半**低于**原先的水平。至于需求的提高是由于工资的增加还是由于其他什么原因，这丝毫不能改变这个问题的条件。从公民韦斯顿的观点来看，解释一般的现象，和解释在工资提高这个特别情况下所发生的现象，同样是困难的。所以，他的论证对于我们所讨论的问题是毫无特殊意义的，只不过表明他不知道怎样解释这个规律：需求的提高引起供给的增加，而最终不会引起市场价格的上涨。

3. [工资和通货]

在讨论的第二天①，我们的朋友韦斯顿把他的旧主张披上了新形式。他说：由于货币工资的普遍提高，将需要更多的通货来支付这些工资。通货的数量既然**固定不变**，那又怎么能用这种固定不变的通货来支付增加了的货币工资呢？以前的难题是：工人的货币工资尽管增加而工人所得到的商品数量仍然固定不变；现在的难题是：商品的数量尽管固定不变而货币工资却增加了。当然，如果你们不承认他的原先的教条，他那相应产生的难题也就消灭了。

可是我要说明，这个通货问题和我们面临的问题毫无关系。

在你们的国家，支付机制比欧洲任何国家完善得多。由于有了广泛的、集中的银行系统，只需要少量的通货，就能周转同等数目的价值，就能办理同等的或数量更大的交易。例如，在工资方面，英国工厂工人每星期把自己的工资付给商店老板，商店老板每星期把这些钱送交银行家，银行家每星期把这些钱交还工厂主，工厂主再把这些钱付给自己的工人，如此循环不已。由于有这套机制，一个工人的年工资假定为52英镑，只要用一个索维林②，就这样每星期周转一次，便可支付了。但是，这种机制即使在英格兰，也不如在苏格兰那样完善；并且并不是到处都一样完善，所以我们看到，例如有些农业区域，与纯工业区域相比，却需要更多的通货才能周转少得多的价值额。

---

① 指1865年5月23日中央委员会的会议。——编者注
② 索维林（sovereign）是英国的一种金币，同英镑价值相等。——编者注

你们如果渡过拉芒什海峡,就可以看到,那里的**货币工资**比英国的低得多,然而在德国、意大利、瑞士和法国,这些工资是用**多得多的通货额**来周转的。每一个索维林不能那样快地被银行家取得,或者回到工业资本家的手中,所以,在英国,一个索维林就能周转一年的52英镑,在大陆上,你也许需要3个索维林才能周转25英镑的年工资。因此,把大陆各国和英国相比较,可以立刻看出,低额的货币工资可能比高额的货币工资需要多得多的通货额来周转,这实际上纯粹是一个技术问题,与我们的问题毫不相干。

据我知道的最确切的计算,英国工人阶级的年收入估计为25 000万英镑。这个庞大的数目大约是用300万英镑来周转的。假定工资增加50%,需要的通货就不是300万英镑,而是450万英镑了。工人的每日开支,有很大一部分用的是银币和铜币,即普通的铸币,这些铸币对于金子的相对价值,和不能兑换的纸币一样,是由法律任意规定的;那么,货币工资提高50%,比方说至多只需要补充100万索维林进入流通。以金银条块或铸币形式躺在英格兰银行或私人银行家金库里的100万英镑就会进入流通。然而,这100万补充通货的铸造或磨损所造成的少量费用甚至可以节省下来,并且当追加通货的需要引起某种摩擦的时候也确实会节省下来。你们都知道,英国的通货分为两大类:一类是各种银行券,用于商人之间的交易和消费者与商人之间的大宗支付。另一类是金属铸币,在零售贸易中流通。这两种通货,虽然种类不同,却是交错使用的。例如,甚至在大宗支付中,5英镑以下的零数大半是用金币流通的。如果明天发行4英镑、3英镑或2英镑的银行券,这些流通渠道中的金币就会立刻被挤出,流到那些因货币工资增加而需要它们的地方。这样一来,因货币工资增加50%所需要补充的100万,不增加一个索维林也可以填补了。增加票据流通而不另发银行券也可以产生同样的效果,例如在兰开夏郡,这个方法就实行了很久。

如果工资水平普遍提高例如100%,像公民韦斯顿就农业工人工资所假设的那样,从而引起生活必需品价格的大幅度上涨,并且,依照他的见解，这需要补充一批通货，却又难以筹措，那么，**工资的普遍下降**，就会在同样的程度上，不过是在相反的方向，引起同样的后果。好啦！你们都知道，1858—1860年是棉纺织工业最繁荣的时期，特别是1860年在这方面是商业史上空前未有的一年，其他一切工业部门这时也很兴旺。1860年，棉纺工人以及与他们这一行业有关的其他工人的工资，比过去任何时候都高。美国危机发生后，那些工人的总工资忽然降到大约相当于过去数目的$\frac{1}{4}$。反过来，那就是增加了300%。如果工资从5提高到20，我们便说工资增加了300%；如果工资从20降到5，我们便说工资减少了75%。但是在一方面增加的数目和在另一方面减少的数目是相同的，即15先令。所以，这是工资水平的一种突然的、从未有过的变动，如果我们不仅计算那些直接在棉纺织工业中做工的工人，而且还计算那些间接依靠棉纺织工业的工人，那么这种变动所涉及的工人数目，就要比农业工人的数目多$\frac{1}{2}$。小麦的价格降低了吗？没有，它已由1858—1860年这三年中每一夸特年平均价格47先令8便士**提高**到1861—1863年这三年中每一夸特年平均价格55先令10便士。至于通货，1861年造币厂铸造了8673232英镑，而1860年只有3378102英镑。换句话说，1861年比1860年多铸造了5295130英镑。当然，1861年流通的银行券比1860年少了1319000英镑。现在减去这个数目，1861年的通货与1860年这个繁荣年度相比，仍然多出3976130英镑，大约多了400万英镑；但是英格兰银行的黄金储备已经减少了，虽然不是以完全相同的比例却是以近似的比例减少了。

现在把1862年和1842年比较一下。1862年，流通中的商品的价值和数量有极大的增加，除此以外，单是对英格兰和威尔士的铁路定期支付的股票、债券等等的资本就达32000万英镑，这个数目如在1842年当然会令人难以置信。然而，1862年和1842年的通货的总额仍然是几乎相等的，你们还可以看出，不仅商品的价值，而且一般货币交易的价值在大量增加时，通货反而趋于递减。从我们的朋友韦斯顿的观点看来，这就是一个不可解答的谜了。

他要是对这个问题比较深入地考察一下，就会发现：姑且不谈工资并假定它固定不变，流通中的商品的价值和数量以及通常要结算的货币交易的数额是每天变化的；银行券的发行量是每天变化的；不以货币为中介而借助汇票、支票、账面信用和票据交换所而实现的支付数额是每天变化的；由于需要实在的金属通货，市面上流通的铸币与储存或躺在银行金库中的铸币和金银条块的比例是每天变化的；国内流通所吸收的金银条块数量和送出国外供国际流通的金银条块数量是每天变化的；那他就会知道：他的通货总额固定不变的教条，是一个与日常生活相矛盾的极大的错误。他就会去研究使货币流通能适应不断变化的条件的那些规律，而不致把他对货币流通规律的无知变成反对提高工资的论据了。

4.［供给和需求］

我们的朋友韦斯顿确信一句拉丁谚语："repetitio est mater studiorum"，即复习是学业之母，所以他再次用新的方式来重述他原来的教条：因工资提高而引起的通货紧缩一定会使资本减少，等等。我已经讲过他的关于通货的奇谈怪论，我认为，完全不必再来讨论他的那些根据他想象的通货灾难所幻想出来的想象的后果了。我现在就把他用多种不同形式**反复陈述的同一个教条，归结为它的最简单的理论形式。**

他论述他的命题的方法是非批判的，只要指出一点就可以看得很清楚。他反对提高工资，或者，反对因工资的提高而产生的高工资。现在我要问他：究竟什么是高工资，什么是低工资？例如，为什么每星期5先令就是低工资，每星期20先令就是高工资？如果说5与20相比算是低工资，那么20与200相比就更低了。如果某人作关于寒暑表的讲演，一开始就谈高温度和低温度，那决不能给人传授任何知识。他首先应该谈冰点和沸点是怎样确定的，应该谈这两个标准点是由自然规律决定的，并不是由出售或制造寒暑表的人随便规定的。然而公民韦斯顿在谈到工资和利润的时候，不仅没有从经济规律中推演出这样的标准点，甚至不觉得有注意它们的必要。显然，工资只有和一种测量其数量的标准相比较才能够谈高低，但他却满足于承认高低这种流行的庸词俗语，以为这是有一定意义的。

他不能向我说明，为什么对一定量的劳动要付以一定量的货币。如果他回答说，这是由供求规律决定的，我首先就要问他，供给和需求本身又是由什么规律调节的呢？于是，他那样回答就会立刻使人不屑一顾。劳动的供求关系总是在不断变化，随着这种变化，劳动的市场价格也在不断变化。需求超过供给，工资就上涨；供给超过需求，工资就下降，尽管在这种情形下，可能仍有必要采用例如罢工或别的方法来**探测**需求和供给的实际情况。但是，如果你们承认供给和需求是调节工资的规律，那么毅然反对提高工资，就未免幼稚无益了，因为按照你们所凭借的至高无上的规律，工资的周期性的上涨，也和工资的周期性的下降一样，是必然的和正常的。你们要是**不**承认供给和需求是调节工资的规律，我就再提出这个问题：为什么对一定量的劳动要付以一定量的货币呢？

还是把这个问题考虑得更广一些：你们如果以为劳动和任何一种商品的价值归根到底是由供给和需求决定的，那就完全错了。供给和需求只调节市场价格一时的**变动**。供给和需求可以说明为什么一种商品的市场价格会涨到它的**价值**以上或降到它的**价值**以下，但决不能说明这个**价值**本身。假定说，供给和需求是相互平衡的，或如经济学家所说，是相互一致的。当这两个相反的力量相等时，它们就相互牵制，彼此都不向对方发生作用。当供给和需求相互平衡因而停止发生作用时，商品的**市场价格**就符合它的**实际价值**，就符合市场价格随之变动的那个标准价格。所以在研究这个**价值**的本质时，我们完全不必讨论供给和需求对市场价格的一时的影响。这对于工资或其他一切商品的价格来说，都是一样的。

[5. 工资和价格]

我们的朋友的一切论据，如果化为最简单的理论形式，就是这样一个教条：**"商品的价格是由工资决定或调节的。"**

我可以用实际的经验来驳斥这种已被驳倒的陈腐谬论。我可以告诉你们，英国工厂工人、矿工、造船工人等等的劳动的价格比较高，但他们的产品比其他国家的同类产品卖得便宜；可是，英国农业工人的劳动价格就比较低，但他们的产品几乎比其他任何一个国家的同类产品都卖得贵。比较一下同一个国家的不同产品或不同国家的各种商品，我可以指出，除了一些与其说是本质上的不如说是表面上的例外，平均说来，高价的劳动生产低价的商品，而低价的劳动生产高价的商品。当然，这种现象不能证明一种场合下的高价劳动和另一种场合下的低价劳动各自都是造成那些正好相反的结果的原因，但总能证明商品的价格不是由劳动的价格决定的。不过我们完全不必采用这种经验主义的方法。

也许有人会否认公民韦斯顿曾提出过"**商品的价格是由工资决定或调节的**"这个教条。的确，他从来没有使它公式化。相反，他曾说，利润和地租也是商品价格的构成部分，因为不仅工人的工资，而且资本家的利润和土地所有者的地租，也非从商品的价格中支付不可。但是，照他的意见，价格是怎样构成的呢？首先是由工资构成的。然后再为资本家加上百分之几，为土地所有者加上百分之几。现在假定，生产一种商品时所费的劳动的工资为10；如果利润率与支出的工资相比是100%，资本家就要加上10；如果地租率与工资相比也是100%，就要再加上10；于是商品的全部价格就是30。但是，这样决定价格不过意味着价格是由工资决定罢了。如果在上述场合，工资涨到20，那么商品的价格就要涨到60，以此类推。因此，提出价格由工资来调节这一教条的所有老朽的政治经济学著作家们，都是说利润和地租**不过是加在工资上的百分之几**，借以证明这个教条是正确的。当然，他们中间没有一个人能把这些百分之几的限度归结为一种经济规律。相反，他们似乎以为利润是由传统、习惯和资本家的愿望决定的，或者是由别种同样武断的和莫名其妙的方式决定的。如果他们说利润决定于资本家之间的竞争，这等于什么也没有说。这种竞争的确会拉平不同行业的不同利润率，把这些利润率引到一个平均的水平，但决不能决定这个水平本身或一般利润率。

我们说商品的价格是由工资决定的，这是什么意思呢？既然工资是劳动价格的一种称呼，就是说，商品的价格是由劳动的价格来调节的。既然"价格"是交换价值——我说的价值都是指交换价值——即**用货币来表现**的交换价值，于是这一原理就归结为"**商品的价值是由劳动的价值决定的**"，或"**劳动的价值是价值的一般尺度**"。

但是，"劳动的价值"本身又是怎样决定的呢？这就使我们为难了，当然要为难，只要我们想依照逻辑来推论。可是，这个教条的维护者是很少从逻辑上考虑的。就以我们的朋友韦斯顿来说吧。起初他告诉我们，工资规定商品的价格，所以，工资增加了，价格也要提高。随后他又反过来向我们证明，增加工资没有什么好处，因为商品的价格也要随之提高，因为工资实际上是由工资所能买来的那些商品的价格来测量的。总之，我们在开始时说商品的价值由劳动的价值来决定，在结尾时却又说劳动的价值由商品的价值来决定了。我们真是在瞎兜圈子，始终得不出结论。

总之，我们把一种商品的价值，例如劳动、谷物或其他商品的价值作为价值的一般尺度和调节器，显然，我们只是躲避了困难，因为我们决定一种价值，用的是其本身又需要被决定的另一种价值。

"工资决定商品的价格"这一教条，用它的最抽象的说法来表示，就是"价值是由价值决定的"，这种同义反复只表明我们实际上对价值一窍不通。要是接受这个前提,有关政治经济学一般规律的全部推论就都变成空洞的呓语了。所以,李嘉图的伟大功绩就在于他在1817年出版的《政治经济学原理》中,彻底粉碎了"工资决定价格"这个流行已久的陈腐不堪的谬论,这个谬论已被亚当·斯密和他的法国前辈们在自己著作的真正科学的部分中驳斥了,但是又被他们在其著作的比较肤浅和庸俗的章节里再现出来。

6. [价值和劳动]

公民们,讲到这里,现在我必须进一步实际地阐明这个问题了。我不能保证一定能令人很满意,因为这样做,我就不能不涉及政治经济学的全部领域。我只能像法国人所说的"effleurer la question",即只涉及一些基本问题。

我们要提的第一个问题是:什么是商品的**价值**?它是怎样决定的?

乍一看,似乎商品的价值是一种完全**相对的**东西,如果不研究某一个商品和其他一切商品的关系,就不能确定它的价值。其实,讲到价值,讲到某一个商品的交换价值,我们指的是这一个商品与其他一切商品交换时的比例量。但是这时又发生一个问题:商品相互交换的比例是怎样决定的呢?

我们根据经验知道,这些比例有无限的差别。就以一种商品例如小麦来说,我们将会发现,一夸特小麦同其他各种商品交换,几乎有无数不同的比例。但是,**小麦的价值**无论是用丝绸、黄金还是用其他某种商品表现出来,**都依然是一样的**,它必定是一种与其交换各种商品的**各种交换率**显然不同而且毫不相干的东西。一定能用一种极不同的形式来表现不同商品间的这些不同的等式。

假如我说一夸特小麦按一定的比例与铁交换,或者说一夸特小麦的价值表现为一定数量的铁,那就是说,小麦的价值和它那个表现为铁的等价物等于**某个第三种东西**,既不是小麦又不是铁,因为我假定小麦和铁是以两种不同的形态来表现这同一数量的。所以,这两种商品中的每一种,不论是小麦或铁,都一定能不依赖于另一种而化成这个第三种东西,即化成作为它们的共同尺度的东西。

为了说明这一点,我举一个十分简单的几何学的例子。在比较形状不同和大小不同的三角形面积,或者比较三角形与矩形或其他某种直线形时,我们将怎样着手呢?我们把任何一个三角形的面积还原为一种与它的外形完全不同的形式。既然根据三角形的特性知道它的面积等于它的底边和高相乘的一半,我们就能比较各种三角形的大小以及一切直线形的大小,因为每一种直线形都可以分解为一定数量的三角形。

计算商品价值,也应当用这种方法。我们一定能把一切商品化为一种它们所共有的表现形式,只按照它们所含有的同一尺度的比例去区别它们。

既然商品的**交换价值**不过是这些东西的**社会职能**,与它们的**自然**属性毫不相关,那么我们首先要问,所有商品共同的**社会实体**是什么呢?这就是**劳动**。要生产一个商品,必须在这个商品上投入或耗费一定量的劳动。我说的不仅是**劳动**,而且是**社会劳动**。一个人生产一个物品要是为自己直接使用,供自己消费,他创造的就是**产品**而不是**商品**。作为一个自给自足的生产者,他与社会没有关系。但是,一个人要生产一个**商品**,就不仅要生产能满足某种**社会**需要的物品,而且他的劳动本身也应该是社会所耗费的劳动总额的一部分。他的劳动应该从属于**社会内部的分工**。没有别的分工,这种劳动就算不了什么,它所以必需,是为了补充别的分工。

我们如果把**商品看做是价值**,我们是只把它们看做**体现了的、凝固了的**或所谓**结晶了的社会劳动**。从这个观点来看,它们所以能够互相**区别**,只是由于它们代表着较多或较少的劳动量,例如,生产一条丝手巾也许比生产一块砖要耗费更多的劳动量。但是怎样测量**劳动量**呢?用**劳动所经历的时间**,也就是说,用小时、日等等来测量。当然,采用这种测量法，就必须把各种劳动化为平均劳动或简单劳动，作为它们的单位。

所以我们便得出结论：商品具有价值，因为它是**社会劳动的结晶**。商品的价值的**大小**或它的**相对**价值，取决于它所含的社会实体量的大小，也就是说，取决于生产它所必需的相对劳动量。所以**各个商品的相对价值**，是由**耗费于、体现于、凝固于该商品中的相应的劳动数量或劳动量**决定的。在**同样劳动时间**内生产出来的各种商品的各**相对应**的数量，是相等的。或者说：一个商品的价值对另一个商品的价值的关系，相当于一个商品中凝固的劳动量对另一个商品中凝固的劳动量的关系。

我想，你们有许多人一定要问：商品价值由**工资**来决定与商品价值由生产该商品所必需的**相对劳动量**来决定，其间果真有什么区别或多大的差异吗？你们应当知道，劳动**报酬**和劳动**数量**是完全不相同的东西。例如，假定说一夸特小麦和一盎司金子中凝固了**同等数量的劳动**。我举这个例子，是因为**本杰明·富兰克林**在他 1731 年发表的第一篇题为《试论纸币的性质和必要性》的论文里曾经用过，他也是最先发现价值的真正实质的人之一。是的，我们已假定，一夸特小麦和一盎司金子是**等价的**或**等价物**，因为它们都是凝结于它们本身的若干天或若干周的**同等数量的平均劳动的结晶**。我们这样决定金子和谷物的相对价值，是否多少要参考一下农业工人和矿工的**工资**呢？一点也不。他们每天或每周的劳动究竟**怎样**支付，甚至是否采用了雇佣劳动，我们都不管，让它作为完全**没有确定**的问题。要是采用了雇佣劳动，这两个工人的工资就很可能极不相等。一个把劳动体现在一夸特小麦上的工人可能只获得两蒲式耳小麦的工资，而那个开矿的工人却可能获得半盎司金子的报酬。或者，假定他们的工资是相等的，这种工资也可能在极不相同的比例上脱离他们所生产的商品的价值。这种工资可能等于一夸特谷物或一盎司金子的 $\frac{1}{2}$、$\frac{1}{3}$、$\frac{1}{4}$、$\frac{1}{5}$ 或其他某种分量。他们的**工资**当然不能**超过**或**多于**他们所生产的商品的价值，但是可能在极不相同的程度上**少于**这个价值。他们的**工资**要受产品的**价值**的限制，但是**他们的产品的价值**却不受工资的限制。最主要的是，例如谷物和金子的价值、相对价值，完全不依所用劳动的价值来规定，即不依**工资**来规定。因此，**按商品中凝固的相对劳动量**决定商品价值，与按劳动的价值或**工资**决定商品价值这种同义反复的方法全然不同。不过，这一点我们在以后的探讨过程中还要进一步阐明。

在计算一个商品的交换价值时，必须把**以前**用于这个商品原料的劳动量以及消耗在协助这种劳动的那些装备、工具、机器和房屋上的劳动，加到**最后**所费的劳动量上。例如，一定量棉纱的价值，是若干劳动量的结晶，即纺织过程中附加于棉花的劳动量，以前体现于棉花本身的劳动量，体现于煤炭、油料和其他各种生产辅助材料的劳动量以及凝固在蒸汽机、纱锭、厂房等等中的劳动量的结晶。本来意义上的生产工具，如工具、机器和厂房，在反复的生产过程中可以再三使用一个或长或短的时期。如果它们像原料那样一下子就消耗完了，它们的全部价值也就会一下子转移到它们协助生产的那些商品上。但是，例如纱锭只是逐渐消耗的，所以就要根据它的平均寿命和它在一定时间内，例如在一天内的平均消耗程度来平均地计算。这样，我们就计算出纱锭价值中有多少转移到每天纺出的棉纱上，因而也就计算出，例如一磅棉纱所体现的全部劳动量中，有多少是以前体现于纱锭的劳动。就我们现在的目的而论，对这个问题实在没有详述的必要了。

也许会有人认为，既然商品的价值是**由生产它所耗费的劳动量**决定的，那么一个人越懒或越笨，他生产的商品就越有价值，因为完成这个商品所需要的劳动时间越多。然而，这样推论将是一个可悲的错误。你们记得我曾经用过"社会劳动"这个用语，"社会"这个词有许多含意。我们说，一个商品的价值是由耗费于或结晶于这个商品中的**劳动量**决定的，就是指，在一定的社会状态中，在一定的社会平均生产条件下，在所用劳动的一定的社会平均强度和平均熟练程度下，生产这个商**品所必需的劳动量**。在英国，当动力织机和手工织机开始竞争时，只需要从前的一半劳动时间就能把一定量的纱转化为一码布或呢子，可怜的手工织工，从前每天劳动9小时或10小时，这时每天要劳动17—18个小时了。但是，他20个小时的劳动产品这时只代表10个小时的社会劳动，或代表10个小时内把一定量的纱转化成布时的社会必要劳动。因此，他用20个小时生产的产品，并不比他从前用10个小时生产的产品有更多的价值。

如果说，体现在商品中的社会必要劳动量决定商品的交换价值，那么，生产一个商品所需要的劳动量增加了，这个商品的价值就必定增加，同样，生产它所需要的劳动量减少了，它的价值就必定减少。

如果生产各种商品所必需的各种劳动量是固定不变的，这些商品的相对价值也会是固定不变的。但是，其实不然。生产一个商品所必需的劳动量，是随着所用劳动的生产力的变化而不断变化的。劳动的生产力越高，在一定的劳动时间内所完成的产品也越多；劳动的生产力越低，在同一时间内所完成的产品也越少。举例说，如因人口增加而必须耕种不太肥沃的土地，要获得同样多的产品，就必须耗费更大的劳动量，农产品的价值也就会因而提高。另一方面，如果一个纺纱工人用现代生产资料，在一个工作日内比他从前用手纺车在同一时间内能把多几千倍的棉花纺成纱，那么，每一磅棉花所吸收的纺纱工人的劳动，就显然只有以前的几千分之一，因而在纺纱过程中加在每一磅棉花上的价值也显然只有从前的几千分之一。于是棉纱的价值也要相应地减少。

除了各个人的先天的能力和后天获得的生产技能的区别，劳动生产力主要应当取决于：

首先，劳动的**自然**条件，如土地的肥沃程度、矿山的丰富程度等等；

其次，**劳动的社会力**的日益改进，引起这种改进的是：大规模的生产，资本的积聚，劳动的结合，分工，机器，改良的方法，化学力和其他自然力的应用，利用交通和运输工具而达到时间和空间的缩短，以及其他各种发明，科学就是靠这些发明来驱使自然力为劳动服务，劳动的社会性质或协作性质也由于这些发明而得以发展。劳动生产力越高，消耗在一定量产品上的劳动就越少，因而产品的价值也越小。劳动生产力越低，消耗在同量产品上的劳动就越多，因而产品的价值也越高。因此，作为一般的规律，我们可以这样说：

商品的价值与生产这些商品所耗费的劳动时间成正比，而与所耗费的劳动的生产力成反比。

以上只说了**价值**，现在我再就**价格**这个价值所表现的特殊形式讲几句。

价格本身不过是**价值的货币表现**。例如，在英国，一切商品的价值是用金的价格表现的，而在欧洲大陆，主要是用银的价格表现的。金或银的价值，和其他一切商品的价值一样，都是由开采它们所必需的劳动量决定的。你们用本国的若干产品，即凝结了你们国内若干劳动量的产品，去交换那些出产金银的国家的产品，即凝结了它们的若干劳动量的产品。人们就是用这种方法，实际上是用物物交换的方法才学会用金银来表现一切商品的价值，即为它们所消耗的各个劳动量。只要仔细看看**价值的货币表现**，换句话说，仔细看看**价值向价格的转化**，你们就会发现，这是一个过程，一个使一切商品的**价值**能具有一种既**独立**又**同质的形式**，或者，一个使一切商品的价值能表现为**等同的**社会劳动量的过程。只要价格是价值的货币表现，亚当·斯密就称之为**自然价格**，法国的重农学派则称之为"必要价格"。

那么，**价值**和**市场价格**的关系或**自然价格**和**市场价格**的关系是怎样的呢？

你们都知道，一切同类商品的**市场价格**总是**一样的**，尽管生产条件因各个生产者而会有所不同。市场价格只表现在平均的生产条件下供给市场以某种数量的某种物品所必需的**平均社会劳动量**。市场价格是依据某种商品的总额计算的。

在这个范围内，商品的**市场价格**与它的**价值**是相符的。另一方面，市场价格有时高于价值或自然价格，有时低于价值或自然价格，这种波

动取决于供给和需求的变动。市场价格背离价值的情形是常见的,但是正如**亚当·斯密**所说:

> "自然价格……是中心价格,一切商品的价格都不断地趋向于这一中心价格。各种偶然情况可能有时使商品的价格大大高于自然价格,有时又使商品的价格略低于它。但是不管什么样的障碍阻止价格停留在这个稳定而恒久的中心,商品的价格总是经常趋向于这个中心。"①

我现在不能细谈这个问题。只需要指出:**如果**供给和需求互相平衡,则商品的市场价格相当于它们的自然价格,也就是说,相当于它们的价值,这个价值是由生产它们所必需的劳动量决定的。但是供给和需求**必定**经常趋向于相互平衡,虽然它们实现这种平衡只是靠一个变动补偿另一个变动,靠下落补偿上涨,或者相反。如果你们不只是观察每天的波动,而是分析较长一段时期的市场价格的运动,例如像图克先生在他的《价格史》中所做的那样,你们就会发现,市场价格的波动,它们的背离价值,它们的上涨和下落,都是互相抵消和互相补偿的;所以,除了垄断组织的影响和其他某些限制(这些我暂且不谈),一切种类的商品,平均说来总是按它们各自的**价值**或自然价格出售的。市场价格波动互相补偿所要经历的平均时期,因商品的种类不同而各不相同,因为某些商品比另一些商品更容易使供给适合于需求。

如果从总体上说,并且考虑到一个较长的时期,那么一切种类的商品都是按各自的价值出售的,因此如果假定利润——不是指个别场合的,而是指各个行业经常的和普通的利润——来源于商品价格的**额外提高**,或者来源于商品按超过其**价值**的价格出卖,那岂不荒唐。要是把这个观点加以概括,它的荒谬就显然可见了。一个人作为卖者经常赢得的东西,总不免要作为买者经常丧失掉。如果说有些人是买者未必又是卖者,是消费者未必又是生产者,这也没用。这些人付给生

---

① 亚·斯密《国民财富的性质和原因的研究》1835年伦敦版第1卷第147页。——编者注

产者的东西，首先应该是他们从生产者那里无偿得到的。如果一个人先拿了你的钱，然后用你的钱购买你的商品，即使你按高价把你的商品卖给这个人，你也决不会发财。这种交易可能减少亏损，但是决不能赚到利润。

所以，要想说明**利润的一般本质**，就应该根据这样一个原理：平均说来，商品是**按自己的实际价值出卖的**，利润是按商品的价值，也就是说，按商品所体现的劳动量的比例**出卖商品得来的**。如果你们不能根据这种假定来解释利润，你们就根本不能解释它。这好像是奇谈怪论，有悖于日常经验。但是，地球围绕太阳运行以及水由两种易燃气体所构成，也是奇谈怪论了。日常经验只能抓住事物诱人的外观，如果根据这种经验来判断，科学的真理就总会是奇谈怪论了。

7. 劳动力

我们尽量简略地分析了**价值**的本质，分析了**一切商品的价值**的本质，现在就应当集中注意力来研究特殊的**劳动价值**。这里我又要用一种好像是奇谈怪论的话来使你们大吃一惊了。你们都确实以为你们每天所出卖的是自己的劳动，所以劳动是有价格的，既然商品的价格只是它的价值的货币表现，那就一定有**劳动的价值**这种东西。但是，**劳动的价值**这种东西，就这个词的通常意义来说，实际上是不存在的。我们已经知道，凝结在商品里的必要劳动量构成商品的价值。现在我们用这个价值概念，怎能确定比如说 10 小时工作日的价值呢？在这个工作日里包含有多少劳动呢？10 小时劳动。如果说 10 小时工作日的价值就等于 10 小时的劳动，或者，就等于这个工作日所包含的劳动量，那无非是同义反复，甚至是毫无意义了。显然，我们一旦发现"**劳动的价值**"这个词的真实而隐藏的意义，就能说明对于价值的这种不合理的、似乎不可能的应用了，好像我们一旦认识了天体的实际运动，就能解释它们表面上奇异的运动一样。

工人出卖的并不直接是他的**劳动**，而是他的暂时让资本家支配的**劳动力**。的确，我不知道英国的法律究竟怎样，但我确实知道一些大陆国家的法律都规定一个人能出卖自己劳动力的**最长时间**。如果允许无限期地出卖劳动力，奴隶制就会立刻恢复原状。如果这种出卖包括一个人的一生，那就会立刻把他变成他的雇主的终身奴隶了。

英国的一位最早的经济学家和最有创见的哲学家**托马斯·霍布斯**已经在他的著作《利维坦》中本能地发觉了这一点，而他的继承者全都忽略了。他说：

"**人的价值**，和其他一切物的价值一样，等于他的**价格**，就是说，等于**对他的能力的使用**所付的报酬。"①

从这一原理出发，那我们就能确定**劳动的价值**，就像确定其他一切商品的价值那样。

但是在这以前，我们应当问，怎么会有这样一种奇怪的现象：我们发现市场上有一批人是买者，他们占有土地、机器、原料和生活资料，这些东西，除了原始状态的土地以外，都是**劳动的产品**，另一方面，有一批人是卖者，他们除了自己的劳动力，除了劳动的双手和头脑，没有别的东西可卖；前一批人经常买进是为了赚取利润和发财，后一批人经常卖出则是为了谋生。研究这个问题，就是研究经济学家所谓的**预先积累**或**原始积累**，实际上应该称做**原始剥夺**。我们一定会发现，这种所谓的**原始积累**不过是一连串使劳动者与其劳动资料之间的**原始统一被破坏**的历史过程。可是，这样的研究，就超出了目前这个题目的范围。劳动的人**脱离**劳动工具的现象一旦成为事实，就会继续保持下去，还会以不断扩大的规模再生产出来，直到生产方式方面的一种新的、根本的革命把它消灭，并以新的历史形式再恢复这种原始的统一为止。

---

① 托·霍布斯《利维坦：或教会国家和市民国家的实质、形式和权力》，载于《霍布斯英文著作集》1839年伦敦版第3卷第76页。——编者注

那么，**劳动力的价值**是什么呢？

劳动力的价值，也像其他一切商品的价值一样，是由生产它所必需的劳动量决定的。一个人的劳动力只有在他本人活着的时候才存在。一个人要成长并维持生活，就必须消费一定量的生活必需品。但是，人和机器一样，也是要损坏的，所以必须有另一个人来代替他。他除了维持他自己生活所必需的若干生活必需品以外，还需要有一定数量的生活必需品来养育儿女，因为他们将在劳动市场上代替他，并且延续劳动者的种族。此外，为了发展他的劳动力，使他获得一种技能，还需要另外花费一定数量的价值。就我们的目的而论，只要考察一下平均水平的劳动就够了，这种劳动的教育费和训练费是微不足道的。但是，我要趁此机会指出，各种不同质量的劳动力的生产费用既然各不相同，所以不同行业所用的劳动力的价值也就一定各不相同。因此，要求**工资平等**是根本错误的，这是一种决不能实现的妄想。这种要求是一种虚妄和肤浅的激进主义的产物，只承认前提而企图避开结论。在雇佣劳动制度的基础上，确定劳动力的价值，也像确定其他一切商品的价值那样；不同种类的劳动力有不同的价值，要生产它们，需要有不同的劳动量，所以它们在劳动市场上就应当卖得不同的价格。在雇佣劳动制度的基础上要求**平等的或甚至是公平的报酬**，就犹如在奴隶制的基础上要求自由一样。你们认为公道和公平的东西，与问题毫无关系。问题就在于：在一定的生产制度下所必需的和不可避免的东西是什么？

根据以上所说的，就可以看出，**劳动力的价值**，是由生产、发展、维持和延续劳动力所必需的**生活必需品的价值**决定的。

8. 剩余价值的生产

现在假定，一个工人每天的生活必需品的平均量需要 **6 小时的平均劳动**才能生产出来。又假定，这 6 小时的平均劳动也用金的数量表现出来，等于 3 先令。于是 3 先令就是这个人的**劳动力的价格**或他的劳动力的**每天价值**的货币表现。如果他每天工作 6 小时，那他每天所生产的价值就足以购买他每天平均必需的生活必需品，足以维持他这个工人的生存。

但是，这个人是一个雇佣工人。因此，他必须把他的劳动力卖给资本家。如果他把他的劳动力每天卖 3 先令或每周卖 18 先令，他就是按劳动力的价值出卖的。假定他是一个纺纱工人。如果他每天工作 6 小时，他每天就使棉花增加了 3 先令的价值。他每天所加的这个价值，与他每天所得的工资或他的劳动力的价格，是完全等价的。可是，这样一来，资本家就得不到**任何的剩余价值**或**剩余产品**。于是我们在这里就遇到难题了。

资本家购买工人的劳动力，支付了它的价值以后，像所有其他买主一样，就有权消费或使用他所买的商品。强迫一个人去工作以消费或使用他的劳动力，就像开动一架机器去消费或使用它一样。资本家支付了工人劳动力的一天或一周的价值，就有权**整天或整周地**使用这个劳动力或迫使它去工作。工作日或工作周当然有一定的限度，可是这一点我们留待以后再详细谈。现在我希望你们注意一个关键问题。

劳动力的**价值**是由维持或再生产这个劳动力所必需的劳动量决定的，对这种劳动力的**使用**却只受劳动者的工作能力和体力的限制。劳动力每天或每周的**价值**同劳动力每天或每周的**消耗**全然不同，就像一匹马所需要的饲料和它能供人乘骑的时间全然不同一样。限制工人劳动力**价值**的劳动量，决不能限制他的劳动力所能完成的劳动量。以我们的纺纱工人为例。我们已经知道，他为了每天再生产他的劳动力，必须每天再生产 3 先令的价值，这是他每天工作 6 小时就可以做到的。但是这并不妨碍他能每天工作 10 小时、12 小时或更多的小时。然而资本家支付了这个纺纱工人劳动力的一天或一周的**价值**，就有权**整天或整周地**使用这个劳动力。这样，资本家就迫使他每天工作例如 12 小时。纺纱工人**除了**必须工作 6 小时以补偿他的工资或他的劳动力价值**以外，还必须额外**工作 6 小时，这 6 小时我称之为**剩余劳动**时间，这个剩余劳动将体现在

剩余价值和**剩余产品**上面。假如我们这个纺纱工人，例如，每天工作6小时使棉花增加3先令的价值，这个价值与他的工资完全等价，那么，他在12小时内就要使棉花增加6先令的价值，并生产出**相应的剩余棉纱**。既然他已经把他的劳动力卖给资本家，他所创造的全部价值或产品，便都属于资本家，即他的劳动力的暂时所有者。资本家预付3先令，结果却实得6先令的价值，因为，他预付的价值是6小时劳动的结晶，而他收回的价值却是12小时劳动的结晶。资本家每天重复这一过程，他每天预付3先令，每天收入6先令，这6先令中有一半将再付工资，另一半则构成**剩余价值**，资本家对此并不付出任何等价物。资本主义的生产或雇佣劳动制度，正是在**资本和劳动之间的这种交换**的基础上建立的，这种交换必然不断地造成这样的结果：工人作为工人再生产出来，资本家作为资本家再生产出来。

如果其他一切条件都相同，**剩余价值率**取决于再生产劳动力价值所必需的那部分工作日和为资本家效力的**剩余时间**或**剩余劳动**之间的比。所以，剩余价值率取决于**工作日的延长在多大程度上超过**工人只再生产他的劳动力价值或只抵偿他的工资所花费的劳动时间。

9. 劳动的价值

现在我们应当回过来谈谈"**劳动的价值或价格**"这个用语。

我们已经知道，实际上，劳动的价值无非是劳动力的价值，是由维持劳动力所必需的那些商品的价值来测量的。但是，因为工人是**在他劳动完毕以后**领取工资的，并且知道他实际上给予资本家的正是他的劳动，所以他以为他的劳动力的价值或价格必然就是**他的劳动本身的价格**或**价值**。假定他的劳动力的价格是3先令，这是工作6小时所得的，如果他工作12小时，他必然以为这3先令就是12小时劳动的价值或价格，虽然这12小时的劳动体现了6先令的价值。由此就得出两个结论：

第一，严格说来，劳动的价值或价格是无意义的名词，但是**劳动力的价值或价格**表面上却很像**劳动本身的价格或价值**。

第二，虽然工人每天的劳动只有一部分是**有偿的**，另一部分是**无偿的**，这无偿的或剩余的劳动正是产生**剩余价值**或**利润**的基础，但是看起来就好像全部劳动都是有偿的劳动。

这种假象，就是**雇佣劳动**和**历史**上其他形式的劳动的不同之处。在雇佣劳动制度的基础上，甚至**无偿**的劳动也好像是**有偿**的劳动；反之，**奴隶**的那部分有偿的劳动，却好像是无偿的劳动。奴隶因为要工作，自然必须生活，他的工作日的一部分就用于抵偿他自己维持生活的价值。但是，由于他和他的主人没有订立合同，双方又没有什么买卖行为，所以他的全部劳动似乎都是白干的。

另一方面，再以农奴为例。可以说，农奴在整个东欧直到最近还存在着。农奴在自己的或分给他的田地上为自己劳动 3 天，其余 3 天就要在主人的领地上从事强迫的、无偿的劳动。所以，这里劳动中的有偿部分和无偿部分显然分开了，在时间上和空间上都分开了，于是我们的自由主义者就义愤填膺，认为强迫人白干活这种想法非常荒谬。

其实，一个人无论是一周中在自己的田地上为自己劳动 3 天，再在主人的领地上无报酬地劳动 3 天，或者是每天在工厂或作坊中为自己劳动 6 小时，再为他的雇主劳动 6 小时，结果都一样，不过在后一例中，劳动的有偿部分和无偿部分是不可分割地混在一起的，整个交易的实质完全被**合同**的**存在**和周末**付酬**所掩饰了。这种无偿的劳动，在后一例中似乎是自愿的，在前一例中似乎是强迫的。全部区别就在于此。

以下使用的"**劳动的价值**"这一用语，我不过是把它当做"**劳动力价值**"的通常流行的名词罢了。

10. 利润是按照商品的价值出卖商品获得的

假定 1 小时的平均劳动所体现的价值等于 6 便士，或 12 小时的平均劳动体现为 6 先令。又假定劳动的价值等于 3 先令或 6 小时劳动的产品。如果生产一种商品所耗费的原料、机器等等体现了 24 小时的平均劳动，这些东西的价值就会等于 12 先令。此外，如果资本家所雇的工人再把自己 12 小时的劳动加到这些生产资料上，这 12 小时就会体现为 6 先令的追加价值。所以**这种产品的全部价值**共为 36 小时的已体现的劳动，即等于 18 先令。但是，劳动的价值或付给工人的工资只有 3 先令，那么，资本家对于工人所耗费并体现在商品价值里的 6 小时剩余劳动，就没有支付任何等价物。所以，资本家把这个商品按其价值卖了 18 先令，他就实现了 3 先令的价值，他对此并未付出任何等价物。这 3 先令就是他装进自己口袋里的剩余价值或利润。可见，资本家实现这 3 先令的利润，并不是因为他按照**超过**商品价值的价格出卖商品，而是因为他**按照商品的实际价值**出卖这个商品。

商品的价值是由该商品所包含的**全部劳动量**决定的。但是，这劳动量有一部分体现为用工资形式付过等价的价值，另一部分则体现为**没有**付过**任何**等价的价值。商品中所含的劳动，一部分是**有偿**劳动，另一部分是**无偿**劳动。所以，资本家按照**商品的价值**出卖商品，即出卖耗费于该商品的**全部劳动量**的结晶，是必定获得利润的。资本家出卖的不仅有他支付过等价的东西，而且还有他分文未付的东西，虽然这东西曾费去了他的工人的劳动。资本家花在商品上的费用，和商品的实在费用，是不同的两码事。所以，我再说一遍，正常的、平均的利润，不是由于**超过**而是由于**按照商品的实际价值**出卖商品获得的。

11. 剩余价值分解成的各个部分

剩余价值，或商品全部价值中体现工人的**剩余劳动**或**无偿劳动**的那一部分，我称之为**利润**。这种利润并不是全都落入经营资本家的腰包。垄断土地，使土地所有者能以**地租**名义——不管这土地是用于农业、建筑、铁路还是用于其他生产目的——取得这**剩余价值**的一部分。另一方面，拥有**劳动资料**，使经营资本家能生产**剩余价值**，即**窃取一定量的无偿劳动**，这就使拥有劳动资料并把它们全部或部分地贷给经营资本家的人，简言之，即**放债的资本家**，能以**利息**的名义要求取得这剩余价值的另一部分，所以，留归经营资本家**本身**的，就只是所谓**产业**利润或**商业**利润的那一部分了。

至于上述三种人这样瓜分全部剩余价值究竟由什么规律来调节的问题，与本题毫无关系。但是根据以上所述，可以得出这样的结论：

地租、利息和产业利润不过是商品的**剩余价值**或商品中所包含的**无偿劳动各个部分的不同名称**，它们都是同样**从这个泉源并且只是从这个泉源产生的**。它们不是从**土地**本身也不是从**资本**本身产生的，但是土地和资本使拥有土地和资本的人能从经营资本家压榨工人所得来的剩余价值中各分得一份。对于工人来说，究竟经营资本家是把这剩余价值——工人剩余劳动或无偿劳动的产物——全部占为己有，或是不得不将其中某些部分以地租和利息的名义分给第三者，这是一个次要的问题。假定经营资本家只使用自己的资本，而且本人又是他使用的那块土地的所有者，那么，剩余价值就会全部落入他的腰包了。

直接向工人榨取这剩余价值的正是经营资本家，不论他最终能把这剩余价值中的哪一部分留归自己。所以，整个雇佣劳动制度，整个现代生产制度，正是建立在经营资本家和雇佣工人的这种关系上的。因此，有几位参加我们这次讨论的公民要模糊事情的真相，把经营资本家和工人的这种根本关系看做一个次要的问题，那就错了，虽然他们断定，在一定情况下，价格的上涨对经营资本家、土地所有者、货币资本家以至征税者影响的程度极不相同，这是正确的。

根据以上所述，还可以得出另一个结论。

商品价值中只代表原料和机器的价值的那一部分，即只代表消耗了的生产资料的价值的那一部分，决**不会构成收入**，只是补偿**资本**而已。但是，除此以外，如果说商品价值中的另一部分，即**构成收入**或可能以工资、利润、地租、利息的形式花费掉的那一部分，是由工资的价值、地租的价值和利润的价值等等**构成**的,那就错了。我们先不谈工资,只来研究产业利润、利息和地租。我们刚才说过,商品中所包含的**剩余价值**或商品价值中体现**无偿劳动**的这一部分价值,其本身**分解**成不同的部分,有三个不同的名称。可是,如果说商品中的这一部分价值是由**这三个组成部分的独立价值之和而构成**或**形成**的,那就完全违反真理了。

如果 1 小时的劳动体现为 6 便士的价值,如果工人的工作日为 12 小时,如果这段时间有一半是无偿劳动,那么这种剩余劳动就在商品上增加 3 先令的**剩余价值**,即没有付过等价的价值。这 3 先令的剩余价值,就是经营资本家可以按随便什么比例去同土地所有者及放债人瓜分的**全部基金**。这 3 先令的价值,构成他们彼此瓜分的那个价值的限度。并不是经营资本家在商品的价值上任意加上一份价值作为自己的利润,再加上另一份价值给土地所有者等等,然后,这些任意规定的价值之和就构成了全部价值。所以,你们知道,流行的观点分不清**一定量的价值分解**为三个部分,和三种**独立**价值相加而**形成**这个价值这二者的不同,于是就把地租、利润和利息所由产生的总和价值变成一种随意规定的数量,这种观点该是如何荒谬。

假定一个资本家所实现的全部利润等于 100 英镑,我们把这个数量看做一个**绝对量**而称之为**利润量**。如果我们计算这 100 英镑对于预付资本的比,我们就把这个**相对量**称为**利润率**。这个利润率显然可以用两种方式来表示。

假定**预付在工资上的**资本为 100 英镑。如果所创造的剩余价值也是 100 英镑,那就表明这工人的工作日一半是**无偿劳动**;如果我们用预付在工资上的资本价值去测量这个利润,我们就可以说,**利润率**等于 100%,因为预付的价值为 100,而实得的价值则为 200。

另一方面,如果我们不是只看到**预付在工资上的**资本,而是看到预付的**全部资本**,例如 500 英镑,其中,400 英镑代表原料、机器等等的价值,我们就应该说,**利润率**只等于 20%,因为这 100 英镑的利润只是预付的**全部资本的** $\frac{1}{5}$。

前一种表示利润率的方式，是表明有偿劳动和无偿劳动的真正比率，即对劳动进行 exploitation①（请允许我用这个法文词）的真实程度的唯一方式；后一种表示方式是通常所用的，并且也确实适用于某些目的，至少是非常便于掩饰资本家榨取工人无偿劳动的程度。

在我以后的说明中，我将使用**利润**一词来标明资本家所榨取的剩余价值总量，不管这剩余价值究竟如何分配给不同的人群；我在使用**利润率**一词时，则总是用预付在工资上的资本价值来测量利润。

12. 利润、工资和价格的一般关系

从商品的价值中除去补偿包含在商品中的原料和其他生产资料的价值的价值，即除去商品中包含的**过去**劳动的价值，商品价值的余留部分就是**最后**雇用的工人所加的劳动量。如果这个工人每天工作12小时，如果12小时的平均劳动结晶为6先令的金量，那么这6先令的追加价值就是他的劳动所创造的**唯一**价值。这种由他的劳动时间所决定的一定的价值，就是他和资本家双方都从中各自分得一份的唯一基金，即分为工资和利润的唯一价值。显然，双方可以按各种不同比例来分配这一价值，但是这一价值本身是不会变化的。假如不是以一个工人而是以全体工人人数计算，或者不是以一个工作日而是例如以1 200万个工作日计算，也同样不会有什么变化。

资本家和工人所能分配的仅仅是这个有限的价值，即按工人的全部劳动来测量的价值，所以一方分得的越多，他方分得的就越少，反之亦然。一个一定的数，其中一部分在增加时，另一部分相反地总要减少。工资有了变动，利润就要朝相反的方向变动。工资下降了，利润就要上涨；工资上涨了，利润就要下降。按照前面的假设，如果工人得3先令，即等于他所创造的价值的一半，换句话说，如果他的整个工作日一

---

① 剥削。——编者注

半是有偿劳动，一半是无偿劳动，**利润率**就是 100%，因为资本家所得的也是 3 先令。假如工人只得到 2 先令，或者，在一整天中只有 $\frac{1}{3}$ 的时间为自己工作，资本家得到的就是 4 先令，利润率就是 200%。如果工人得到 4 先令，资本家只得到 2 先令，利润率就降至 50%。

但是，这一切变动都不会影响商品的价值。所以，工资的普遍提高只会引起一般利润率的降低，而不会影响商品的价值。但是，商品的价值——这种价值最终一定要调节商品的市场价格——虽然完全由商品中所凝结的劳动总量来决定，并不取决于这种劳动量分为有偿劳动和无偿劳动，但是决不能说，例如在 12 小时内所生产的个别商品或成批商品的价值会永远不变。在一定的劳动时间内或由一定的劳动量所生产的商品的**数**或量，取决于所用的劳动的**生产力**，而不取决于劳动的**延伸**或长度。例如，在一个 12 小时的工作日内，纺纱劳动在一定的生产力水平下能生产 12 磅棉纱，在较低的生产力水平下只能生产 2 磅棉纱。如果在前一场合，12 小时的平均劳动体现为 6 先令的价值，12 磅棉纱就要值 6 先令，而在后一场合，2 磅棉纱也要值 6 先令。所以，在前一场合，1 磅棉纱只值 6 便士，在后一场合，1 磅棉纱竟要值 3 先令。这种价格上的差异，就是所用劳动的生产力有差异的结果。生产力较高时，1 小时劳动体现为 1 磅棉纱；生产力较低时，6 小时劳动才能体现为 1 磅棉纱。在前一场合，1 磅棉纱的价格只等于 6 便士，尽管工资较高而利润率较低，在后一场合，它的价格却等于 3 先令，尽管工资较低而利润率较高。这是必然的，因为 1 磅棉纱的价格是由**耗费**于这磅棉纱的**全部劳动量**决定的，而不是由**这个劳动量分为有偿劳动和无偿劳动的比例**决定的。所以，我前面所说的高价劳动可能生产低廉的商品，而低价劳动可能生产昂贵的商品这一事实，也就不再像是什么奇谈怪论了。这只是说明了一般的规律，即商品的价值是由消耗于商品的劳动量决定的，所消耗的劳动量完全取决于所用劳动的生产力，因而也随劳动生产率的每一变化而变化。

13. 争取提高工资或反对降低工资的几个主要场合

（1）现在让我们认真研究一下争取提高工资或反对降低工资的几个主要场合。

我们已经知道，**劳动力的价值**，或用流行的说法，即**劳动的价值**，是由生活必需品的价值或生产这些生活必需品所需要的劳动量决定的。例如，在某一国，工人每天平均的生活必需品的价值为 6 小时的劳动，表现为 3 先令，这个工人为了生产维持他一天生活费用的等价物，就必须每天工作 6 小时。如果整个工作日为 12 小时，资本家付给他 3 先令，便偿付了他的劳动的价值。工作日的一半就会是无偿劳动，利润率就等于 100%。但是现在假定，例如，因生产率的降低，要用更多的劳动来生产同量的农产品，于是，每天平均的生活必需品的价格就从 3 先令涨到 4 先令。在这种场合，劳动的**价值**就增加 $\frac{1}{3}$，或增加 $33\frac{1}{3}$%。工人要依照他原来的生活水平生产维持他一天生活费用的等价物，便须在一个工作日中劳动 8 小时；所以，剩余劳动就要由 6 小时减到 4 小时，利润率就要由 100% 降到 50%。但是，工人要求提高工资，不过是要求获得**他的劳动所增加的价值**，就好像其他所有出卖商品的人在商品成本增加时，力求使其商品所增加的价值获得报酬一样。如果工资没有提高或提高得不够补偿生活必需品所增加的价值，劳动的**价格**也就会降到**劳动的价值以下**，工人的生活水平就会下降。

但是，变化也可能朝相反的方向发生。由于劳动生产率的提高，同等数量的每天平均的生活必需品，可能从 3 先令减到 2 先令，换句话说，在一个工作日中不必劳动 6 小时，只要劳动 4 小时，就能再生产与每天生活必需品等价的价值。这时工人用 2 先令就可以买到从前用 3 先令买到的生活必需品了。**劳动的价值**确实会降低，但是，这样减少的价值，仍能获得和从前一样多的商品。于是，利润就会从 3 先令提高到 4

先令，利润率也会从 100% 提高到 200%。虽然工人生活的绝对水平依然照旧，但他的**相对**工资以及他的**相对社会地位**，也就是与资本家相比较的地位，却会下降。工人反对这种相对工资的降低，不过是想要在他的提高了的劳动生产力所生产的总额中获得应有的一份，不过是想要维持他以前在社会阶梯上的相对地位。例如，英国的一些工厂主在谷物法废除后，就卑鄙地背弃他们在鼓动反对谷物法时所作的庄严诺言，把工资普遍降低了 10%。工人的反抗，起初没有奏效，但是，由于我现在不能详谈的某些情况，后来又恢复所失去的 10% 了。

（2）生活必需品的**价值**，从而**劳动的价值**，可能保持原状，但是**货币的价值已经发生变化**，所以生活必需品的**货币价格**也可能发生变化。

由于更丰富的矿山的发现，等等，生产例如 2 盎司金，可能并不比从前生产 1 盎司金所费的劳动多。于是，金的**价值**就会降低一半或 50%。**劳动的价值**，也像其他一切商品的**价值**一样，就要表现在比以前大一倍的**货币价格**上。从前表现为 6 先令的 12 小时劳动，这时就会表现为 12 先令了。如果工人的工资仍是 3 先令而没有提高到 6 先令，**他的劳动的货币价格**这时就只等于他的**劳动的价值的一半**，他的生活水平也就要大大降低。如果他的工资提高了，但与金的价值的下降不成比例，这种情况也会在或大或小的程度上发生。在这个实例中，无论是劳动生产力，供给和需求，还是价值，都没有丝毫变化。除了这些价值的**货币名称**，什么也没有变。如果说，在这样的场合工人不应该争取工资的相应提高，那就等于说，他必须满足于名称的报酬，而不是实物的报酬。过去的整个历史证明，在发生这样的货币贬值时，资本家总是急忙趁此良机来欺骗工人。但是，许多派别的政治经济学家断定，由于新发现一些产金地、改进银矿开采和水银供给较廉，贵金属的价值又降低了。这也许可以说明为什么大陆上普遍地同时产生了提高工资的要求。

（3）我们以前都假定**工作日**有一定的界限。但是工作日本身并没有固定界限。资本的经常趋势就是把工作日延长到体力可能达到的极限，因为随着工作日长度的增加，剩余劳动，从而这劳动所创造的利润也将同样增长。资本把工作日越延长，它占有他人的劳动量也越多。在17世纪，甚至在18世纪的前三分之二这段时间，10小时的工作日是全英国的正常工作日。在反雅各宾战争，其实是不列颠贵族反对不列颠劳动群众的战争时期，资本庆祝自己的胜利，把工作日从10小时延长到12小时，14小时，18小时。**马尔萨斯**这位决非多愁善感的人，在1815年前后出版的一本小册子①中宣称，这种情形如果再继续下去，必将摧毁民族的生命之本。在普遍应用新发明的机器的前几年即1765年前后，英国出现了一本小册子，书名为《论手工业》②。匿名的作者是工人阶级的死敌，他竭力主张必须扩大工作日的界限。为了达到这一目的，他提议，除了采取其他手段，还要建立**习艺所**，用他的话来说，应该是"**恐怖所**"。他给这种"恐怖所"规定的工作日是多长呢？**12小时**——这恰好是资本家、政治经济学家和内阁大臣们在1832年针对12岁以下儿童宣布的不仅当时已实行，而且已成为必要的工作时间。

工人出卖他的劳动力——在现代制度下他不得不这样做——就是把这个力让给资本家来消费，不过是在一定的合理的界限内消费。他出卖他的劳动力，是为了保持它——且不谈它的自然损耗——，而不是为了毁灭它。工人按照劳动力每天或每周的价值出卖他的劳动力，不用说，决不会允许这个劳动力在一天或一周内受到两天或两周的损耗或损失。现在举一架价值1000英镑的机器为例。如果这架机器能用10年，它在它所参与生产的商品的价值上每年就要增添100英镑。如果它能用5年，它每年在这些商品的价值上就要增添200英镑。换句话说，它每年损耗的价值和它的使用年限成反比。但这正是工人和机器的不同之处。机器的磨损程度和它的使用时间并不完全一致。相反，人的衰退程度，和他工作时数的简单相加所表现出来的衰退程度相比，要大得多。

当工人们争取工作日减到原先的合理范围时，或者，当他们不能强

---

① 即《关于地租的本质和增长及其调整原则的研究》1815年伦敦版。——编者注
② 指约·肯宁安《论手工业和商业。兼评赋税》1770年伦敦版。——编者注

迫法律规定正常的工作日,而用提高工资的办法,使工资提高得不仅和被勒索的剩余时间成比例而且还要超过这一比例,来防止过度劳动时,他们只是在对他们自己和他们的种族履行义务。他们不过是对资本的横暴掠夺设置一些限制而已。时间是人类发展的空间。一个人如果没有自己处置的自由时间,一生中除睡眠饮食等纯生理上必需的间断以外,都是替资本家服务,那么,他就还不如一头役畜。他不过是一架为别人生产财富的机器,身体垮了,心智也变得如野兽一般。现代工业的全部历史还表明,如果不对资本加以限制,它就会不顾一切和毫不留情地把整个工人阶级投入这种极端退化的境地。

资本家延长工作日,可能付出**较高的工资**,其实仍低于**劳动的价值**。如果工资的提高同被榨取的更大的劳动量不相称,同劳动力的更快的衰竭不相称,这种情形就会发生。这用别的方法也可以做到。你们的资产阶级统计学家们会告诉你们,例如,兰开夏郡的工人家庭的平均工资增加了。他们却忘记补充说,除了家长那个成年男子的劳动,还有他的妻子,也许还有三四个小孩,现在都被投在资本的札格纳特车轮下了,而工资总额的增加同从这个家庭榨取的全部剩余劳动不相称。

即使对工作日有一定的限制,例如,现在一切服从工厂法的工业部门中都有这种限制,在这种情况下,只是为了保持**劳动价值**的原有水平,提高工资可以说也是必要的。劳动**强度**的提高,可能使一个人在一小时内耗费他从前在两小时内耗费的生命力。在一些服从工厂法的行业中,由于机器运转速度的加快和一个人要看管的工作机的加多,这种情形已经在某种程度上出现了。如果劳动强度的提高或一小时内所费劳动量的增大与工作日的缩短保持应有的比例,劳动者还算是赢家。如果超出这个限度,他在一种形式下所得到的就会在另一种形式下丧失掉,于是10小时劳动就可能与以前12小时劳动同样有害。工人争取提高工资以使之同劳动强度的提高相适应,从而制止资本的这种倾向,这不过是抑制他的劳动的跌价,防止他的种族的退化罢了。

(4)你们都知道,由于我现在没有必要说明的某些原因,资本主义的生产总是要经过一定的周期性循环。它要经过消沉、逐渐活跃、繁荣、生产过剩、危机和停滞等阶段。商品的市场价格和市场利润率，都随着这些阶段而变化，有时低于自己的平均水平，有时高于自己的平均水平。你们考察一下这整个周期，就会发现，市场价格的一个偏离是由另一个偏离来抵消的，在整个周期内，平均说来，商品的市场价格是由商品的价值调节的。再说，在市场价格下跌的阶段，以及在危机和停滞的阶段，工人即使不致完全失业，他的工资也一定会降低。为了不受骗，他甚至在市场价格这样下降时，也应当同资本家争论工资究竟该降到什么程度。在产生额外利润的繁荣阶段，他如果不争取提高工资，按整个工业周期平均计算，他就会甚至得不到他的**平均工资**或他的劳动的**价值**。他的工资，在这个周期的不顺利阶段，必然要受影响，如果在这个周期的繁荣阶段，还要求他不去争取补偿，那就太愚蠢了。一般说来，一切商品的**价值**，只是由不断波动的市场价格的相互抵消才能实现，而这种相互抵消又是供给和需求不断变动的结果。在现代制度的基础上，劳动不过是一种商品，和其他商品一样。所以，劳动也必须经历同样的变动，才能够获得与它的价值相符的平均价格。如果一方面把劳动看做一种商品，另一方面又让它免受调节商品价格的那些规律的约束，那就很荒谬了。奴隶能得到经常的和定量的生活资料，雇佣工人却不能。雇佣工人要想补偿一个时期的工资的降低，必须在另一个时期努力争取工资的提高，如果他甘心接受资本家的愿望，接受资本家的命令，把它当做永久的经济规律，他就一定要受到奴隶所受的一切苦痛，而得不到奴隶所享有的生存保障。

（5）从我以上讨论的各场合——它们几乎是百分之九十九——你们已经看见，提高工资的斗争只不过是在**先前的**各种变化之后发生的，是生产的规模、劳动的生产力、劳动的价值、货币的价值、被榨取的劳动长度或强度、市场价格的波动——它的波动取决于供给和需求的变动，与工业周期的各个阶段相适应——这些先前的变化的必然结果，总而言之，是劳动对资本的先前行动的反行动。你们讨论争取提高工资的斗争，如果不顾这些情况，如果只看到工资的变动而忽视引起这些变动的其他一切变动，你们就是从错误的前提出发，只会得出错误的结论了。

14. 资本和劳动的斗争及其结果

（1）我已经指出，工人周期性地反抗降低工资，周期性地力图提高工资，这是同雇佣劳动制度密不可分的，而且还受下述事实的制约：劳动既然等同于商品，就要服从那些调节一般价格变动的规律；我还指出，工资的普遍提高会引起一般利润率的降低，但不会影响商品的平均价格或商品的价值。现在就有一个问题：在资本和劳动的这场不断的斗争中，后者能取得多大的成功？

我可以概括地回答，劳动和其他一切商品一样，它的**市场价格**在长时期内会与它的**价值**相适应；因此，不论怎样涨跌，也不论工人如何行动，他所得到的，平均计算起来，只是他的劳动的价值，他的劳动的价值无非是他的劳动力的价值，后者是由维持和再生产劳动力所需要的生活必需品的价值决定的，而这些生活必需品的价值最后又是由生产它们所需要的劳动量决定的。

但是，**劳动力的价值**或**劳动的价值**由于有某些特点而不同于其他一切商品的价值。劳动力的价值由两种要素构成：一种是纯生理的要素，另一种是历史的或社会的要素。劳动力价值的**最低界限**是由**生理的**要素决定的。这就是说，工人阶级为了维持和再生产自己，为了延续自己肉体的生存，就必须获得生存和繁殖所绝对需要的生活必需品。所以这些绝对需要的生活必需品的**价值**，就构成**劳动的价值**的最低界限。另一方面，工作日的长度也有极限，虽然是很有伸缩性的极限。它的最高界限决定于工人的体力。如果他的生命力每天的消耗超过一定限度，就不能日复一日地重复使用了。可是，我已经说过，这种限度有很大的伸缩性。孱弱和短命的后代如果繁殖很快，也可以与健壮和长命的后代一样，使劳动市场维持下去。

除了这种纯粹生理的要素，劳动的价值还取决于每个国家的**传统生活水平**。这种生活水平不仅要满足生理上的需要，而且要满足人们赖以生息教养的那些社会条件所产生的某些需要。英国人的生活水平可能降到爱尔兰人的生活水平；德国农民的生活水平可能降到利夫兰农民的生活水平。关于历史传统和社会风俗在这方面起的巨大作用，你们可以看一看**桑顿**先生的《人口过剩论》①，他在书中指出，英国各农业区的平均工资，至今还由于这些区域在脱离农奴状态时所处条件的好坏程度不同而有高低之分。

包含于劳动价值中的这一历史的或社会的要素可能扩大，也可能缩小，甚至可能完全消失，只剩下**生理上的界限**。在**反雅各宾战争**时期——正如那位不可救药的吞食赋税、尸位素餐的老乔治·罗斯经常说的那样，发动这场战争是为了挽救我们神圣宗教的福利免遭渎神的法国人的侵犯——，我们在前次会议上曾谨慎地谈到的那些仁慈的英国农场主，竟把农业工人的工资降到这种**纯粹生理上的最低界限**以下，而维持生命和延续种族所需要的不足之数却由**济贫法**来填补。这是把雇佣工人变成奴隶，把莎士比亚笔下的骄傲的自耕农变成贫民的一种高明手法。

如果你们把各个不同国家中或同一国家各个不同历史时代的工资水平或劳动的价值水平比较一下，你们就会发现，**劳动的价值**本身不是一个固定的量，而是一个变化的量，即使假定其他一切商品的价值不变，它也是变化的。

这种比较也可以证明：不仅**市场利润率**是变动的，而且**平均利润率**也是变动的。

然而对于**利润**来说，并没有一条规律能决定其**最低限度**。我们不能说，利润降低的极限是怎样的。为什么我们不能够确定这个限度呢？因

---

① 即《人口过剩及其补救办法》1846年伦敦版。——编者注

为我们虽能确定工资的**最低限度**，却不能确定工资的**最高限度**。我们只能说，工作日既然有界限，**利润的最高限度**就与**生理上所容许的工资的最低限度**相适应；工资既然是一定的，**利润的最高限度**就与工人体力所容许的工作日延长程度相适应。所以利润的最高限度以生理上所容许的工资的最低限度和生理上所容许的工作日的最高限度为界限。显然，在最高利润率的这两个界限之间可能有许多变化。利润率的实际水平只是由资本与劳动的不断斗争确定的，资本家总想把工资降低到生理上所容许的最低限度，把工作日延长到生理上所容许的最高限度，而工人则在相反的方面不断地对抗。

归根到底，这是斗争双方力量对比的问题。

（2）至于谈到**限制工作日**，在英国像在其他各国一样，向来只靠**立法的干涉**。如果没有工人从外部经常施加压力，这种干涉永远也不会实现。无论如何，这种结果决不是工人和资本家的私人协商所能获得的。这种采取**普遍政治行动**的必要性本身就证明，资本在其纯粹经济的行动上是比较强有力的一方。

至于谈到**劳动价值的界限**，它的确定实际上总是取决于供给和需求。我指的是资本方面对劳动的需求和工人方面对劳动的供给。在一些殖民地国家，供求规律有利于工人。所以，美国的工资水平比较高。资本在这里可以施展全力，却不能制止因雇佣工人经常转化为独立的自给自足的农民而造成的劳动市场的经常空虚。对于大部分美国人民说来，雇佣工人的地位不过是一种学徒见习的状态，他们迟早总会脱离这种状态。为了纠正殖民地的这种情况，作为母邦的不列颠政府曾一度采纳所谓现代殖民学说，其内容是将殖民地的土地人为地规定一种高价，以阻止雇佣工人过分迅速地转化为独立农民。

现在我们来谈谈资本支配全部生产过程的那些老的文明国家。例如，以英国农业工人的工资在1849年至1859年这一时期的提高为例。其结果如何呢？农场主们没能——我们的朋友韦斯顿想必劝告过他们——提高小麦的价值，甚至没能提高小麦的市场价格，反而不得不听任其市场价格的下降。但是在这11年中，他们采用各种机器，应用更科学的方法，把一部分耕地变成牧场，增大农场的面积，同时也扩大了生产的规模，由于采取了这些方法和其他各种提高劳动生产力的措施而减少对劳动的需求，使农业人口又相对过剩了。这就是资本在各个早已住满居民的国家迟早要采取的对付增加工资的一般方法。李嘉图正确地说过，机器是经常和劳动竞争的，并且往往是在劳动价格已达到某种高度时才可能被采用①；然而采用机器不过是提高劳动生产力的许多方法之一。正是这个发展过程使简单劳动相对过剩，另一方面使熟练劳动简单化，于是也就使它贬值了。

这同一规律还有另一种形式。随着劳动生产力的发展，即使工资的水平相当高，资本的积累也会越来越快。因此，可以推论，像亚·斯密——在他的那个时代，近代工业还很幼稚——那样推论，资本的这种加速积累，能保证对劳动需求的增长，所以必然会对工人有利。现代许多著作家同意这种观点，他们很诧异，为什么最近20年英国资本的增加比人口的增加更迅速，而工资却没有很大的提高。但是随着积累的进展，**资本的构成**也发生**递增的变化**。总资本中包含固定资本即机器、原料和各种生产资料的这一部分，比用于支付工资或购买劳动的那一部分，总是逐渐递增的。这一规律已经由巴顿、李嘉图、西斯蒙第、理查·琼斯教授、拉姆赛教授、舍尔比利埃等人多少确切地阐明了。

如果资本中这两个部分的比例原来是一比一，这个比例就会因工业的发展而变成五比一，等等。如果总资本为600，其中300用于工具和原料等，其余300用于支付工资，那么总资本只增加一倍，就能造成对600工人而不是对300工人的需求。但是，如果总资本600中，500用于机器和原料等，只有100用于支付工资，为了造成对600工人而不是对300工人的需求，这同一资本就要从600增至3600。因此，在工业发展的进程中，对劳动的需求总是赶不上资本的积累。这一需求是在增

---

① 大·李嘉图《政治经济学和赋税原理》1821年伦敦版第479页。——编者注

加,但是与资本的增加相比,不过是在递减的比例上增加的。

以上所说的这几点足以表明,现代工业的发展本身一定会越来越有利于资本家而有害于工人,所以资本主义生产的总趋势不是提高而是降低工资的平均水平,在或大或小的程度上使**劳动的价值**降到它的**最低限度**。这种制度下的**实际情况**的趋势既然如此,那么,这是不是说,工人阶级应当放弃对资本的掠夺行为的反抗,停止利用偶然的时机使生活暂时改善的尝试呢?如果他们这样做,他们就会沦为一群听天由命的、不可挽救的可怜虫。我想我已经说过:他们为工资水平而进行的斗争,同整个雇佣劳动制度有密切的联系;他们为提高工资所做的努力,在一百回中有九十九回都只是为了维持现有的劳动价值;他们必须就劳动价格与资本家讨价还价,因为他们已经把自己当做商品出卖了。他们在和资本的日常冲突中如果畏缩让步,他们就没有资格发动更大的运动。

同时,即使不谈雇佣劳动制度中所包含的一般奴隶状态,工人阶级也不应夸大这一日常斗争的最终效果。他们不应当忘记:在日常斗争中他们反对的只是结果,而不是产生这种结果的原因;他们延缓下降的趋势,而不改变它的方向;他们服用止痛剂,而不祛除病根。所以他们不应当只局限于这些不可避免的、因资本永不停止的进攻或市场的各种变动而不断引起的游击式的搏斗。他们应当懂得:现代制度给他们带来一切贫困,同时又造成对社会进行经济改造所必需的种种**物质条件**和**社会形式**。他们应当摒弃"**做一天公平的工作,得一天公平的工资!**"这种**保守**的格言,要在自己的旗帜上写上**革命**的口号:"**消灭雇佣劳动制度!**"

为了阐明基本问题,我不得不作这样一个冗长的,恐怕是令人厌倦的说明,现在我提出下面的决议案来结束我的报告:

第一,工资水平的普遍提高,会引起一般利润率的降低。但整个说来并不影响商品的价格。

第二,资本主义生产的总趋势不是提高工资的平均水平,而是降低这个水平。

第三，工联作为抵制资本进攻的中心，工作颇有成效。它们遭到失败，部分是由于不正确地使用自己的力量。总的说来，它们遭到失败是因为它们只限于进行游击式的斗争以反对现存制度所产生的结果，而不同时努力改变这个制度，不运用自己有组织的力量作为杠杆来最终解放工人阶级，也就是最终消灭雇佣劳动制度。

卡·马克思写于1865年5月20日—6月24日之间

1898年以小册子形式在伦敦出版

原文是英文

中文根据《马克思恩格斯全集》历史考证版第1部分第20卷并参考《马克思恩格斯全集》德文版第16卷翻译

选自《马克思恩格斯文集》第3卷，北京：人民出版社2009年版，第25—78页。

马克思关于《工资、价格和利润》的一封信[①]

马克思致恩格斯
曼彻斯特

1865年5月20日 [于伦敦]

亲爱的弗雷德:

附上从报纸剪下的我那封给约翰逊的公开信[②]。

埃德加[③]再次露面,自然使我们十分惊讶。他完全是我想象的那个样子,他的经历也完全同我想象的一样。很可惜,他并不始终是加里波第的助手。他对加里波第本来是很相宜的。但是这个可怜的家伙仍然十分虚弱。他将在这里多待一段时间,因此,你如果能帮我重新装满我的**酒窖**,那你就是做了件好事。

我现在像马一样地工作着,因为我必须利用我还能工作的时间,痈现在依然存在,尽管它只使我感到局部疼痛,而没有影响脑袋。

---

① 摘自《马克思恩格斯文集》第10卷,北京:人民出版社2009年版,第228页。
② 马克思:《致美国总统安德鲁·约翰逊》,见《马克思恩格斯全集》第21卷,北京:人民出版社2003年版。——编者注
③ 埃·冯·威斯特华伦。——编者注

在工作之余——当然不能老是写作——我就搞搞微分学$\dfrac{dx}{dy}$。我没有耐心再去读别的东西。任何其它读物总是把我赶回写字台前。

今天晚上将举行国际的特别会议。一个好老头子，老欧文主义者**韦斯顿**（木匠）曾提出两个论点，他经常在《蜂房报》上为这些论点进行辩护：

（1）工资率的普遍提高对工人不会有任何好处；

（2）由于这一点以及其它原因，工联所起的作用是**有害的**。

这两个论点——在我们的协会中只有**他**相信——如果被接受，那么，我们就将在这里的工联和现在大陆上流行的罢工潮面前闹大笑话。

由于这次会议将允许非委员参加，所以他会得到一个土生土长的英国人的支持，这个人曾经写过一本同样意思的小册子。人们自然希望我加以反驳。我本来应当为今天晚上的会议准备我的反驳意见，但是我认为更重要的是继续写我的书①，所以我就只好临时去讲一通了。

我当然事先知道，两个主要论点是：

（1）**工资**决定商品的价值。

（2）如果资本家今天付出的是五先令而不是四先令，那么明天他们就将以五先令而不是以四先令出售自己的商品（他们能这样做，是由于需求的增长）。

这虽然平淡无奇，并且只涉及最表面的现象，但是，要对完全不懂的人把与此有关的一切经济学问题解释清楚，的确不是容易的事。不可能把一门政治经济学课程压缩在一小时之内讲完。但是我将尽力而为。

埃德加在英国首先遇到你，他认为这是好的征兆。他对莉希很满意。

祝好。

你的　卡·马·

---

①　马克思《资本论》。——编者注

这个埃德加除了自己以外从来没有剥削过任何人,而且他始终是最严格意义上的工人,可是他却站在奴隶主方面参加了困苦不堪的战争;另外,内兄内弟两人目前都因美国内战而遭到破产。这些都是命运的极大讽刺。

卡·马克思

《工资、价格和利润》报告结束时提出的决议草案[①]

（1）工资水平的普遍提高，一般地说，会引起利润率的普遍下降，商品的价值则保持不变。

（2）只有在非常特殊的情况下，工资的普遍提高才可能实现。如果得以实现，也只有在非常特殊的情况下才能保持住。在现今的生产基础上，生产的总趋势不是提高工资，而是降低工资。即使工资的普遍提高能保持一个较长的时期，也不会消灭，而只是减轻雇佣劳动者即广大人民群众所遭受的奴役。

（3）工会的良好作用在于它们抵制，即使是暂时地抵制工资水平下降的趋势，在于它们争取缩短和限定劳动时间，亦即工作日的长度。它们的良好作用在于它们是把工人阶级作为一个阶级组织起来的一种手段。它们如对自己的力量使用不当，则有时会遭到失败，它们如把现存的劳资关系作为永久不变的东西加以接受，而不致力于消灭这种关系，则会遭到全面的失败。

---

① 马克思于 1865 年 5 月 20 日—6 月 24 日用英文拟写的这份决议草案，是他于 1865 年 6 月 20 日和 27 日在国际工人协会中央委员会会议上所作的《工资、价格和利润》报告结尾部分的手稿。选自《马克思恩格斯全集》第 21 卷，北京：人民出版社 2003 年版，第 153 页。

卡·马克思写于 1865 年 5 月 20 日—6 月 24 日之间

第一次用俄文发表于《第一国际总委员会会议记录。1864—1866》1961 年莫斯科版

原文是英文

中文根据《马克思恩格斯全集》1992 年历史考证版第 1 部分第 20 卷翻译

第五部分 附 录

附录Ⅰ　研究文献精选

一　〔德〕R.黑克尔："正确位置上的正确人选"——记马克思在第一国际工人协会中的活动①

国际工人协会成立大会于1864年9月28日在伦敦市中心离特拉法加广场不远的圣马丁堂的一个小厅举行。参加成立大会的有英国工人和来自巴黎的一个工人代表团，另外还有居住在伦敦的法国工人、意大利工人、波兰工人以及德国和瑞士的工人。成立国际工人协会的决定源于进步工人们对团结和联合的要求。1862年，英国各工会与法国各工人团体的代表们举行了初次集会。随后在伦敦于1863年7月组织了一次国际大会，以声援波兰解放斗争。

马克思于国际工人协会成立大会当天才收到泥瓦匠威廉·克里默的邀请。威廉·克里默是工会的年轻成员，并且是一个积极的和平主义者，他在40年后（1903年）获得了诺贝尔和平奖。裁缝约翰·格奥尔格·埃卡留斯将代表德国工人发言，但他还不清楚整个大会的程序内容。会议于晚上八点开始。大厅里挤得满满的。被大家推选为工会领导人的乔治·奥哲尔宣读了英国工人向法国工人发出的呼吁书，昂利·路易·托伦致答复，托伦后来负责领导国际工人协会巴黎支部。能同时讲

---

① 摘自《马克思主义与现实》2015年第1期。本文为黑克尔教授2014年9月26日在中央编译局所作的讲演，译者朱毅为中央编译局马列部编审。

英语和法语的维克多·勒吕贝向参会者提议,成立一个无产阶级的国际联合会,另外由居住在伦敦的各国工人组建一个中央委员会,并在欧洲其他城市设立相应的附属委员会。大会由于必不可少的翻译环节拖延了很长时间,英国工人乔治·惠勒、威廉·德尔、意大利人路易吉·沃尔弗,法国人让·巴蒂斯特·博凯以及埃卡留斯都在会上发了言。马克思肯定埃卡留斯"干得很出色",而马克思则像他在给恩格斯信中描述的那样"在讲台上扮演哑角加以协助"。①

当晚有35人被选入委员会,其中有马克思和前面提到的那些人。现在所称的这个中央委员会最迫切的首要任务是拟定一个纲领并确定协会的组织结构。关于这方面有着各种各样的建议和想法,一个由9人组成的小委员会将对它们予以讨论。在最初的几次会议上,路易吉·沃尔弗发表意见,建议把朱泽培·马志尼制定的意大利工人团体章程作为纲领的基础文本;而导言则交由英国木匠约翰·韦斯顿编辑。不久勒吕贝校阅了这些文件,这些文件在10月15日的小委员会上通过,而10月18日总委员会会议将对它们进行裁定。

马克思因病未能参加小委员会最初的几次商讨会,因为他"右胸下面又长了一个痈"②,使他深受其苦。埃卡留斯催促马克思参加总委员会的下次会议即10月18日的会。国际工人协会的两位组织者威廉·克里默和乔治·奥哲尔——现在分别是协会的总书记和主席——对埃卡留斯说了下面一席话:"正确位置上的正确的人选无疑是马克思博士。"③埃卡留斯向马克思转述了这些话,希望马克思能草拟新组织的原则和章程。

马克思出席了10月18日的会议,像他事后对恩格斯描述的那样,当他"听到好心的勒吕贝宣读妄想当做原则宣言的一个空话连篇、写得很糟而且极不成熟的导言时,的确吃了一惊","导言到处都带有马志

---

① 《马克思恩格斯文集》第10卷,北京:人民出版社2009年版,第213页。
② 《马克思恩格斯全集》第31卷,北京:人民出版社1998年版,第9页。
③ MEGA² III/13, S.11.

尼的色彩，而且披着法国社会主义的轮廓不清的破烂外衣"，马克思于是"温和地加以反对"，"经过长时间的反复讨论后"①，埃卡留斯提议由小委员会重新修订这个导言。

国际工人协会中央委员会的成员克里默、勒吕贝和意大利人朱泽培·方塔纳于10月20日星期四晚上在马克思家里集会，约翰·韦斯顿因故缺席。参加集会的人一直讨论到深夜一点，他们商量怎样在总委员会下次会议之前撰写好所需要的这些文件。马克思获得的撰文期限只有10天。这有点像马克思1848年初与恩格斯一道撰写《共产党宣言》时的情形，这次他同样面临时间上的极大压力。他向恩格斯阐明了这一难题，"要把我们的观点用目前水平的工人运动所能接受的形式表达出来，那是很困难的事情"②。马克思先是向女儿燕妮口述了文本内容，然后对这一稿件进行了多次修改。流传下来的付排稿抄件是马克思夫人燕妮的笔迹。11月1日总委员会会议"以很大的热情通过了"马克思的"宣言"③。之后还制作了副本，以便把它们翻译成法语和意大利语，并准备用英文发表。1864年11月24日，载有《宣言》、《临时章程》和一份已增加至52人的中央委员会会员名单的小册子出版了1000册。德文版是马克思亲自翻译的，题为《给欧洲工人阶级的宣言》，它先是刊登在1864年12月21日和30日柏林《社会民主党人报》上，载有《宣言》的报纸发行了5万份。文献在欧洲所有国家迅速传播；1868年它获得《成立宣言》这一正式名称。

马克思在《国际工人协会宣言》中用了最大的篇幅来分析资本主义在过去十几年的发展及其产生的以土地占有者和资产者为一方，以工人阶级为另一方两者间的对立。工业和贸易在1848—1849年革命后获得了前所未有的高速发展；有人宣称这种发展将消除社会对立。马克思利用不列颠议会公共报告和统计中的材料、数据来揭露上述观念。他形

---

① 《马克思恩格斯文集》第10卷，北京：人民出版社2009年版，第214页。
② 《马克思恩格斯文集》第10卷，北京：人民出版社2009年版，第216页。
③ 《马克思恩格斯文集》第10卷，北京：人民出版社2009年版，第215页。

象地指出，一方面是财富的积累，另一方面到处是贫困、饥饿和疾病。马克思得出了具有充分理由的结论："劳动生产力的任何新的发展，都不可避免地要加深社会对比和加强社会对抗。"① 马克思选取了国际工人协会成员——这些工人和手工业者十分熟悉的事例，因而他在对工人们宣讲时完全是用心在交流。

马克思在做上述简短分析时可能利用了他自己的经济学研究。马克思从1863年夏天至1865年夏天一直在着力完成他的《资本论》。马克思成立宣言中所有源自各个报道的引文，都能在1867年出版的《资本论》第一卷中找到，尤其是这卷的第三、四章和第六章。

马克思在《宣言》第二部分指出工人运动和工会运动斗争中的"两件重大的事实"。马克思首先称赞《十小时工作日法案》在英国通过。对工时的立法限制没有像资产阶级预言的那样，为不列颠工业敲起丧钟，《十小时工作日法案》是一个重大的实际的成功，而且是"一个原则的胜利"；也就是像工人阶级政治经济学所要求那样，是"社会认识和社会预见"②。马克思要求工会为缩短工时、提高工资继续进行斗争。

其次，马克思探讨了19世纪60年代初合作运动的蓬勃发展，这种共同生产的实践性试验时常遭到嘲笑，但马克思却从中看到"解放劳动群众"和消灭"经济垄断"的契机。马克思在这个问题上修正了他以前表述的有关合作社的观点，他现在认为，合作社可以证明，"大规模的生产，并且是按照现代科学要求进行的生产……是能够进行的"③，因而它可能成为未来共同生产的一种组织模式。国际在它们的历次代表大会上也都表明了这一看法，并且把积极支持合作社视为自己当然的任务。另外，每年的代表大会也成了生产合作社自己生产的产品的博览会。

---

① 《马克思恩格斯全集》第21卷，北京：人民出版社2003年版，第10页。
② 《马克思恩格斯全集》第21卷，北京：人民出版社2003年版，第11页。
③ 《马克思恩格斯全集》第21卷，北京：人民出版社2003年版，第12—13页。

马克思在《成立宣言》的结尾强调,欧洲发展壮大的工人组织必须像兄弟般合作,并在社会解放斗争中紧密团结。因此,《临时章程》的第一句话便是:"工人阶级的解放应该由工人阶级自己去争取。"① 同时,他们还应该反抗欧洲强国的外交政策,这些强国煽动民族偏见和对弱小民族的战争。马克思要求,"简单的道德和正义的准则"应该成为"各民族之间的关系中的至高无上的准则"②。

中央委员会成员(他们中的许多人是工会积极分子)把马克思《成立宣言》中的理论变成了自己的理论并积极进行传播;但会员约翰·韦斯顿却采取反对立场。他从1864年年底以来在国际工人协会机关报《蜂房报》上发表了一组文章,文章认为,第一,争取提高工资和缩短工时的斗争不能彻底改变工人的处境,其次工会的组织和活动所起的作用是有害的。这组文章在报上引起了激烈讨论。韦斯顿想要争取国际协会中央委员会支持自己的观点,他宣布将以工会的工资斗争为题做一个报告,报告于1865年5月2日和20日在一个公开的特别会议上举行。马克思立刻认识到必须彻底批驳韦斯顿的观点。他在韦斯顿报告的同一天写信给恩格斯:"我当然事先知道,两个主要论点是:(1)工资决定商品的价值。(2)如果资本家今天付出的是五先令而不是四先令,那么明天他就将以五先令而不是以四先令出售自己的商品(他们能这样做,是由于需求的增长)。这虽然平淡无奇,并且只涉及最表面的现象。但是,要对完全不懂的人把与此有关的一切经济学问题解释清楚,的确不是容易的事。不可能把一门政治经济学课程压缩在一小时之内讲完。但是我将尽力而为。"③

马克思在1865年5月20日至6月24日期间撰写了他的报告《工资、价格和利润》。在马克思一生所作的报告中,除1847年在布鲁塞尔德意志工人协会的报告《雇佣劳动与资本》外,流传下来的只有在国

---

① 《马克思恩格斯全集》第21卷,北京:人民出版社2003年版,第16页。
② 《马克思恩格斯全集》第21卷,北京:人民出版社2003年版,第14—15页。
③ 《马克思恩格斯文集》第10卷,北京:人民出版社2009年版,第229—230页。

际工人协会中央委员会上作的这份报告了。马克思当然不可能用一个小时完成这个报告，他密密麻麻地写满16页稿纸。报告分两部分，分别于1865年6月20日和27日进行，随后在6月和8月又花了5个晚上的时间来讨论。报告的第一部分已经给听众留下了深刻印象。总书记克里默强调，马克思所采用的大量事实完全驳倒了韦斯顿的理由。会员们还表达了这样的愿望：把韦斯顿和马克思的报告一同发表。但马克思的报告直到马克思去世后才由他的女儿爱琳娜·马克思-爱威林在1898年发表。

马克思对这个报告做了精心准备，他阅读了英国作者的一系列作品，并在自己的笔记本上写下札记和算式。当然他还可以从自己对《资本论》的广泛研究中搜寻材料，马克思当时已完成了他的价值理论并能以此为基础论述劳动力商品和剩余价值的生产。马克思在《资本论》第三册手稿中阐述了剩余价值怎样通过价值规律转变为利润、利息和地租，并形成一般利润率。

中央委员会成员于是成了马克思公开宣讲自己新的理论认识的见证者或恰当地说是聆听者。马克思报告的第一部分直接分析了韦斯顿的理论，尤其是他关于提高工资的斗争会导致生活必需品涨价的错误观点，即韦斯顿认为工资取决于对生活必需品的最低需求。马克思利用英国统计数据证实，由于《十小时工作日法案》，随着工资提高，工业产品和农产品价格还出现了下降。马克思在报告第二部分也就是真正的理论部分阐述了他对政治经济学基本范畴的理解，对劳动力商品价值特殊性的研究成为工会斗争最重要的理论依据，决定劳动力商品价值的不仅有物质因素，而且有历史和社会因素。因此，工人阶级必须抵制把劳动力价值降到最低水平。

中央委员会每星期都举行集会，多数时间是在马克思家里。集会时各国通讯书记（马克思是德国通讯书记）汇报各个支部的工作，讨论重要政治问题宣言，为国际工人协会年度代表大会做准备。每次集会都做了详细的会议记录，而流传下来的会议记录有四卷：

1864 年 10 月 5 日—1866 年 8 月 28 日
1866 年 9 月 18 日—1869 年 8 月 31 日
1869 年 9 月 21 日—1872 年 5 月 21 日
1872 年 5 月 28 日—8 月

  这些卷次共有 1048 页，它们反映了国际工人协会的历史，它曾是一个活跃的组织，最初由性质完全不同的领导团体组成。这些记录还表明，马克思是怎样深入参加讨论并试图在不同派别之间寻求共同点的。这里有普鲁东主义、拉萨尔主义和宪章派的观点，它们对各个工会和工人团体产生了不同影响。马克思是领导小组中唯一能够在与所有成员达成共识的情况下起草政治宣言的人。马克思从 1864—1872 年总共撰写和修订了总委员会文件 50 份，长达 200 页。德国历史学家沃尔夫冈·席德尔对马克思在国际工人协会中所起的作用评论如下："马克思与其他大多数成员不同，尤其不同于英国、法国的成员，他身后没有从属于自己的工人组织，尽管如此，他因为自己在政治斡旋方面表现出来的超群的智识使他在短时间内便担负起国际中央委员会的领导职责。"① 席德尔还谈到，马克思是"国际的领袖，不管怎么说他一直是众多成员中最出色的一个"②。

  国际的活动从 1864 年持续到 1876 年或者 1877 年；高峰期是一年一度的代表大会，它们曾在伦敦、日内瓦、洛桑、布鲁塞尔和巴塞尔举行，代表大会对促进各国工人组织的发展并增强它们的政治实力起到了作用。1871—1872 年是国际工人协会影响最大的时期，会员人数达到 15 万—20 万人，其中英国有 5 万会员，德国有 1.1 万人（包括社会民主工人党的人数在内），法国、比利时、西班牙的会员人数分别约 3 万，欧洲其他各个国家也有几千人之多，美国拥有约 4000 会员。而当时的统计数据认为协会成员人数为 50 万甚至 80 万（1871 年 6 月 5 日《泰晤士报》）。马克思在 1870 年 12 月 20 日总委员会上声明："谈到协会

---

① Wolfgang Schieder, *Karl Marx als Politiker*, München, 1991, S.77.
② Ebenda, S.78, 96.

的会员名单,不太好公布协会的真实人数,因为外界媒体总是认为协会的活动人数远远多于他们的实际人数"①,因此关于国际协会会员的人数及其组成一直没有确切可靠的数据。

在巴黎公社失败以及国际工人协会对此发表宣言后,马克思的拥护者与米哈伊尔·巴枯宁的追随者在1871年秋天展开了一场公开的权力斗争。尤其是国际协会的集体领导权越来越集中于马克思个人头上,与巴枯宁的冲突就此产生,巴枯宁对巴黎公社的见解也与马克思不同。马克思认为,应该把各个国家正在形成的工人政党组织置于国际的集中领导之下,而巴枯宁按照无政府主义的主张要求严格消灭等级统治,他反对任何形式的中央集权。这种以个人为代表的争端导致国际工人协会最终失败。在海牙大会上无法达成一致意见,国际走向分裂;巴枯宁被开除出协会,他在圣伊米耶组织了一个对垒的大会。马克思领导的国际工人协会总委员会所在地由伦敦迁往纽约;马克思就此结束了他在国际工人协会中的积极活动。1876年协会解散。巴枯宁号称的反专制的国际工人协会一直活动到1877年。

在报告的最后一部分,我想谈谈前面提到的四本会议记录的流传历史和发表历史。最早有三本会议记录留在海尔曼·荣克那里,荣克是瑞士钟表匠,在伦敦生活,他在国际协会总委员会中担任过重要职务。荣克1901年去世后遗留下的东西被送进了德国社会民主党的档案馆。1938年这些会议记录本又从档案馆转移到阿姆斯特丹国际社会史研究所,它们直至今天仍然保存在那里。另外一卷会议记录被借给了英国工会干部乔治·豪威耳,以供他撰写一本关于国际工人协会历史的书籍,该书于1878年出版。这本会议记录在豪威耳1910年去世后交给了伦敦毕晓普斯盖特(Bish—Opsgate)学院,直至今天还保存在那里。

梁赞诺夫在1909年之后流亡到维也纳,他接受了奥地利社会民主党资助的一项任务,即收集国际工人协会的所有文件和会议记录并

---

① MEGA² 1/21, S.863.

将它们发表。为完成这个任务,梁赞诺夫在接下来的几年里查阅了伦敦、巴黎、罗马、弗罗伦萨以及德国和瑞士的图书馆。1914年他宣布即将出版《国际文献》第一卷,但第一次世界大战的爆发使这卷书未能付排。

1921年成立了由梁赞诺夫领导的马克思恩格斯研究院,它最重要的一个任务就是研究国际工人协会的历史并出版其文献。1924年梁赞诺夫在俄文版《马克思恩格斯文库》第一卷发表了关于国际工人协会诞生过程的长篇文章,该文被收入德文版。该卷《马克思恩格斯文库》"消息"栏下面还登载了一篇英国记者兼历史学家波斯特盖特(Raymond William Postgate)写的一篇英文报道,讲述了国际协会文件在伦敦毕晓普斯盖特图书馆的存放情况。早在20年代,梁赞诺夫就把存放于德国社会民主党档案馆的国际工人协会的会议记录制成了影印件;但他当时还未弄到存放于伦敦的那本会议记录的影印件。

1931年梁赞诺夫被捕后,马恩研究院面临完整发表国际工人协会文件的任务。但直到30年代末,国际工人协会文献才在俄文第一版《马克思恩格斯全集》第13卷以及国际工人协会代表大会和会议的专门卷次中首次发表,但这些文献发表时用的是俄译文而不是原文。1942年6月,莫斯科研究院终于从伦敦得到总委员会议记录中所缺的那本的影印件。

1935年成立的阿姆斯特丹国际社会史研究所也曾把发表国际工人协会会议记录作为自己的任务。一个由三个研究人员组成的小组负责在巴黎、伦敦和布鲁塞尔收集资料。当时的工作重心是出版会议记录第一卷。到1938年初,大部分材料已准备齐全并开始付排。但法西斯德国的侵略政策中断了这项工作的进展。1939年夏天,阿姆斯特丹社会史研究所把所有档案材料都包装起来运往英国。该研究所在"二战"之后曾尝试重新捡起这项工作,但以失败告终。它转而把精力放在研究米哈伊尔·巴枯宁在国际工人协会中的活动上面,并因此在60年代中期发表了第一批研究成果。

1964年在筹备庆祝国际工人协会成立100周年时，梁赞诺夫的计划终于有望通过莫斯科马列研究院来实现。从1961年至1968年，总委员会会议记录分别用英文原文和俄译文各出版了5卷。

MEGA第2版重新完整收录了总委员会的会议记录。这个决定基于下述认识：这些会议记录是对"总委员会成员思想交流的文字记录"。倘若把马克思和恩格斯的意见表述单独辑录出来，将会耗费大量篇幅去解释上下文语境。由于会议记录总是在下次会议上得到确认——有时伴以小小的改动，因此可被视作马克思恩格斯认可的文本。这些记录在$MEGA^2$中分四个卷次收录（Ⅰ/20 — Ⅰ/23卷，只是Ⅰ/23卷还未编辑完毕）。这种通过全面的注释、评论对会议记录所做的历史考证性编辑，是国际工人协会历史编纂方面的一项大事，同时它以客观、历史的手法相应地再现了马克思恩格斯在国际工人协会中发挥的作用。

我想在报告结束时援引一段德国历史学家于尔根·赫尔斯在$MEGA^2$第21卷中发表的对马克思在国际工人协会中从事的活动的评论："马克思的撰文激发了人们的阅读兴趣，它促成了某种普遍的理解并为人们提供阐释；他的撰文理由充分，但同时也从感情上撼动并引导人们。这些撰文以其雄辩和剖析力量足以占据国际开启的全部交流空间。但马克思也总是试图通过这些文字让不同的社会主义流派和各个工人集团达成某种意识形态的调和。"马克思尽管拒绝担任国际工人协会中的高级职位——例如曾经摆在他面前的主席职务，但他取得了"尤其是精神智识方面的领导地位"[①]。

---

① $MEGA^2$ I/21, S.1150.

二 〔苏〕伊佐拉·格·卡兹明纳：马克思写作《资本论》第二卷和第三卷的若干情况[①]

众所周知，平均利润和生产价格的理论是政治经济学中最复杂的理论问题之一。马克思以前的经济学家就曾试图根据价值规律解释价格和价值的不一致以及利润率不以单个企业创造的剩余价值量为转移而趋于一致的性质。资产阶级政治经济学至今还把这个问题搞得玄乎其玄。马克思在政治经济学史上第一次从价值中引出生产价格，从而根据价值规律说明那些随着简单商品经济过渡到资本主义商品经济而在价格形成上发生的根本变化。

在理论出发点（即社会必要劳动时间决定商品价值）和资本主义经济的具体过程之间，必须有某些中间理论环节，这些环节表现资本主义经济的实现过程。

分析各个中间环节，这对于理解资本主义生产和流通规律具有重大意义。揭示各个理论环节的内在联系，即从各种一般规律达到比较发展的各种具体关系，也就揭示了资本主义规律借以发生作用的机制。

马克思详尽地分析了剩余价值转化为利润，继而转化为平均利润的过程以及商品价值转化为生产价格的过程，从而指明，整个资本主义生产的直接调节者是生产价格和生产价格规律，而生产价格是通过按预付资本计算的平均利润而概括出来的。马克思着重指出，平均利润是借助于竞争而实现的一般规律。"整个资本主义生产就是建立在"不同利润率平均化的"基础上"。[②]

马克思关于平均利润和生产价格的理论对于经济科学的意义是怎样评价也未必过高的。这一理论是分析剩余价值的其他更具体的形式如利息率、企业主利润、商业利润以及地租的基础和起点。这一理论科学地

[①] 本文选自《马列著作编译资料》1981年第16辑。原载《我们党赢得了一个胜利》，柏林经济出版社1978年版。

[②] 《马克思恩格斯全集》第25卷，北京：人民出版社1974年版，第492页。

论证了剩余价值理论并使之完成。最后，对平均利润和生产价格的分析为运用这一理论具体解释当前的经济过程创造了必要的前提。

为了理解剩余价值向利润和平均利润的转化及其意义，有必要考察一下可使我们逐步认识经济发展总过程的各个中间阶段。马克思和恩格斯反复指出，这条道路是十分复杂的。因此，循序渐进地分析每一中间环节，这对于理解资本主义生产规律和流通规律特别重要。

马克思反复强调，为了理解不同类别的资本家中间剩余价值的分配情况，首先要说明剩余价值和利润的关系，然后说明利润平均化为一般利润率的过程。但是，"如果想不经过任何中介过程就直接根据价值规律去理解"这一分配，"那么，这就是一个比用代数方法或许能求出的化圆为方问题更困难得多的问题"。①

要进而分析各种转化形式，就要先分析流通过程，特别是资本周转。

马克思认为，分析资本周转及其作用，对于揭示资本运动的规律性具有异常重大的意义。

马克思在 1857—1858 年手稿中写道："流通表现为资本的本质过程。在商品转化为货币以前，生产过程不可能重新开始。过程的经常连续性，即价值毫无阻碍地和顺畅地由一种形式转变为另一种形式，或者说，由过程的一个阶段转变为另一个阶段，对于以资本为基础的生产来说，同以往一切生产形式下的情形相比，是在完全不同的程度上表现为基本条件。""因此，虽然流通并不造成价值规定本身的任何要素，因为这种要素完全由劳动决定，但流通的速度却决定生产过程重复的速度，决定创造价值的速度。"②

资本周转理论甚至对于制定社会主义政治经济学，对于分析社会主义再生产中基本基金和流动基金的作用，以及这两者在提高生产率和生

---

① 《马克思恩格斯全集》第 26 卷第 3 册，北京：人民出版社 1974 年版，第 90 页。
② 《马克思恩格斯全集》第 46 卷下册，北京：人民出版社 1980 年版，第 28、32 页。

产效率方面的作用，都具有极其现实的方法论意义。

本文的任务是考察马克思在平均利润和生产价格理论形成的各个阶段上关于资本周转作用的观点的发展过程。为了完成这一任务，就要研究1857—1858年手稿（《资本论》最初的草稿），1861—1863年手稿（《资本论》第二稿），1863—1865年手稿（《资本论》第三稿）以及还未发表的1865—1875年手稿。

对于资本周转问题的最初探讨，见于1857—1858年手稿，即《政治经济学批判大纲》一书。这部著作就已经包含了后来的平均利润和生产价格理论的极为重要的因素。马克思在这里第一次详细研究了资本周转对剩余价值的影响。

他指出，对剩余价值转化为利润产生影响的资本周转，为确定剩余价值提供了新的因素，这特别表现在这一点上：剩余价值率和剩余价值量取决于同一可变资本在一年中反复周转的次数。在《大纲》中，马克思还没有把剩余价值率当作剩余价值年率来下定义。但是，马克思在该手稿中第一次使用的总剩余价值这一概念本来已包含了资本周转的影响。马克思强调，剩余价值不单纯取决于资本在生产过程中占有的剩余劳动；而且取决于一次周转所创造的剩余价值同一定时期内周转次数的乘积。他以一项算数式为例说明了资本周转对剩余价值的影响，并得出下列公式：总剩余价值 S'，等于剩余价值 S 乘以资本周转次数 nU，即 $S'=S×nU$。这表明，资本在一定时期内生产的剩余价值不仅仅取决于一个生产过程中所产生的剩余价值，而是取决于资本再生产的次数。马克思写道：这是一个新的要素，"这是在计算与剩余价值不同的利润时产生的要素"[①]。这表明，在确定利润时，既要考虑流通时间，也要考虑生产时间。这样，流通时间就成为决定价值创造的一个要素。

资本在一定次数周转中产生的剩余价值，取得利润形式。"因此，

---

① 《马克思恩格斯全集》第46卷下册，北京：人民出版社1980年版，第146页。

剩余价值的量是用资本的价值量来计量的,因而利润率是由剩余价值同资本价值的比例决定的。"① 不过,在1857—1858年手稿中,只是说明了利润这一剩余价值转化形式的极为一般的特征。为了从利润的一般特征上升到平均利润和生产价格规律的形成和作用方式机制,马克思首先不得不从理论上证实,资产阶级政治经济学的古典学家们没有能力把平均利润率规律和价值规律协调起来。

马克思在1861—1863年期间从事了一系列新的考察,完成了包含有200个印张的庞大手稿。在这一手稿中,他对整个资产阶级政治经济学重新进行了批判性的检验。他对李嘉图和资产阶级政治经济学其他代表人物的观点进行了历史的批判分析,在这一过程中阐述了平均利润率的一般规律,这一规律表明,利润总量是由预付资本量决定的。马克思揭示了作为剩余价值转化形式的平均利润的内容,并证实了生产价格规律和价值规律的一致性。马克思在1861—1863年手稿中研究平均利润和生产价格的形成时撇开了流通领域的影响。这种抽象在一定的考察阶段上是容许的,甚至是必要的,因为平均利润的形成过程十分复杂,要求暂时排除一系列其他情况。但是,马克思始终没有忘记把这一事实当作前提。

马克思大约在同一时期所作的以下论述,重申了这个命题。马克思在1862年8月2日给恩格斯的信中,在谈到李嘉图的地租理论时写道:"除了从资本的直接生产过程产生的不变资本和可变资本的区别,还有从资本的流通过程产生的固定资本和流动资本的区别。但是如果再把这一点考虑进去,这个公式就太复杂了。"② 在1861—1863年手稿中,马克思还说道:"如果我们还注意到由流通过程产生的资本有机构成的差别,计算和平均起来会复杂得多。"③ 在尚未发表的1867—1875年手稿

---

① 《马克思恩格斯全集》第46卷下册,北京:人民出版社1980年版,第264页。
② 《马克思恩格斯全集》第30卷,北京:人民出版社1975年版,第269页。
③ 《马克思恩格斯全集》第26卷第2册,北京:人民出版社1973年版,第444页。

中，马克思在确定生产价格时也考虑了上述经济因素。

利润率并不单纯是按预付资本计算的剩余价值，而是表示一定流通阶段中实现的剩余价值量。马克思在谈到利润率这一概念时指出，资本周转影响资本在一定期间实现的剩余价值量，从而影响利润率。"这里有两个因素：第一，（同实现的剩余价值相比的）预付的量的差别；第二，在这些预付连同剩余价值流回以前，生产这些预付所必需的时间的长度的差别。"①

不过在这里马克思没有详细论述这一点。

马克思打算在以后论述他的理论时再进一步分析资本周转问题，探讨这种周转的作用和它对利润率的影响。1861—1863 年手稿第十八本中所拟订的第三部分第二章的计划（《资本和利润》）就说明了这一点，该计划表明，在考察平均利润时，除了资本的有机构成外，"同样，在这里还必须考察从流通过程产生的固定资本和流动资本的差别，考察它们如何使一定时期内不同领域中的资本的价值增殖发生变化"②。

从 1863 年 7 月至 1865 年马克思写了一组新的手稿。这个时期撰写的《资本论》三卷手稿，反映了关于资本主义社会经济发展的经济理论这一统一完整思想的结构。

1974 年首次发表了这批手稿中的《资本论》第二卷第一稿的俄译本，标题是：《第二册。资本流通过程》。

按照恩格斯的说法，马克思留下《资本论》第二卷全卷的"两种稿本，个别部分有六种稿本"③。马克思在 1867 年 8 月到 1870 年 7 月从事《资本论》第二卷第二稿（"手稿Ⅱ"）的写作。恩格斯在付排《资本论》第二卷的准备工作中使用了第二稿中大约三分之一的内容。

---

① 《马克思恩格斯全集》第 26 卷第 3 册，北京：人民出版社 1974 年版，第 430 页。
② 《马克思恩格斯全集》第 26 卷第 1 册，北京：人民出版社 1972 年版，第 448 页。
③ 《恩格斯致弗里德里希·阿道夫·左尔格（1884 年 12 月 31 日）》，见《马克思恩格斯全集》第 36 卷，北京：人民出版社 1974 年版，第 264 页。

至于第一稿,他写道:"这个手稿也没有什么可以利用的。"①。这一手稿的发表有助于更好地理解资本周转在平均利润和生产价格理论的发展中所具有的地位和作用,并使人们可以探索到这一研究阶段上出现的新的理论因素。该手稿的内容是早在1857—1858年手稿中就着手进行的关于资本流通过程的科学研究的直接继续和重大发展。进一步详细研究资本流通领域中的经济过程,使马克思有可能大大深化对资本周转的分析,这就使得从这一理论中得出的各种结论大大精确化。此类结论如下:

第一,马克思在该手稿中第一次采用剩余价值率的新规定。他写道:"在考察资本周转时得出了剩余价值的一个新规定,这一点本来在考察不同的流通时间、生产时间以及整个流通过程和再生产过程时,就已经包含在内了。"②

马克思解释说,剩余价值率的新的、更详细的规定,也就是它本身作为剩余价值年率的规定,这也就是说,这一剩余价值是在一年中,在生产过程连续不断的情况下和在可变资本的快慢不同的周转中,按照相同的剩余价值率生产出来的。

剩余价值年率(M')是一年中生产的剩余价值量同预付的可变资本之比,它等于实际剩余价值率(m')乘以可变资本的周转次数(n)。剩余价值年率已经不再是劳动力剥削程度的确实表现。劳动和资本的真实关系已变得模糊不清。从表面上看,剩余价值量不仅取决于劳动力剥削程度,而且取决于资本的流通速度。由于实际剩余价值率和利润率被结合在一起,剩余价值年率就使得实际使用的可变资本和预付的可变资本之间的差别变得模糊不清。这完全是一个新的概念。

其次,马克思提出了一个重要规律,这是他在这一手稿中首次作出

---

① 恩格斯:《〈资本论〉第二卷序言》,见《马克思恩格斯全集》第24卷,北京:人民出版社1972年版,第7页。

② 《马克思恩格斯全集》俄文第2版第49卷,第345页。

表述的。同量可变资本在剥削程度相同的情况下可以有不同的剩余价值年率。这是因为：在剩余价值率相同的情况下，由于一年中同一剥削过程反复的次数不同，同量可变资本所推动的劳动量便各不相同。在这个地方，马克思为进一步研究这个问题作了重要的方法论评述。他指出，剩余价值年率这一范畴只是年利润率的基础。①

第三，马克思在手稿中阐述了固定资本和流动资本的学说。他在揭示固定资本流通的特点时，首先考察了固定资本周转对剩余价值形成的影响，用他的话来说，这一点对于正确考察利润问题是十分重要的。②

马克思通过对固定资本流通的特殊性进行的分析，就有可能阐述确定利润率规律性的各个原理。③

他指出，固定资本进入流通，就给资本周转带来了新的规定。此外，由于固定资本使全部资本的流通时间发生变化，所以在其他条件不变的情况下，也会使利润率发生变化。马克思写道："……利润率下降，下降的程度等于全部资本周转时间随固定资本相对量和流通而发生变化的程度。"④

最后，固定资本流通的特殊性对于利润平均化为一般利润率的过程产生重大影响。这一结论是从投入不同生产领域的资本在周转上存在巨大差别这一事实中得出来的，因为每一领域中的不变资本分为固定资本和流动资本的比例极不相同，并且固定资本本身的周转也各不相同。

马克思在1864年着手进行的对资本周转的考察的这个第二阶段十分重要。因为，第一，他除了前面提到的在该手稿中第一次作出阐述的结论以外，还在考察资本周转对剩余价值的影响时不断作出大量附带说明，指出进一步研究平均利润问题的道路和方向。第二，对手稿的分析可以使我们明了，把资本运动作为生产和流通的统一过程来考察，其前

---

① 《马克思恩格斯全集》俄文第2版第49卷，第346页。
② 《马克思恩格斯全集》俄文第2版第49卷，第370页。
③ 《马克思恩格斯全集》俄文第2版第49卷，第365页。
④ 《马克思恩格斯全集》俄文第2版第49卷，第365页。

提是怎样创造出来的。

在《资本论》第三册中,马克思曾打算用专门一章来论述资本周转问题。恩格斯在《资本论》第三卷序言中写道:"第四章只有一个标题。但是,因为这一章研究的问题即周转对利润率的影响极为重要,所以由我亲自执笔写成。"① 可见《资本论》第三卷第四章关于资本周转对利润率的影响的论述是出自恩格斯的手笔。

除了《资本论》第三册的主要手稿外,马克思围绕这一问题还撰写了一些新手稿。《资本论》第一卷发表后所撰写的《利润率》这一手稿,对于我们这个论题具有特殊重要意义。② 该手稿共有78大印张,主要考察了资本流通速度对利润率的影响。在这里,马克思继续进行他在第二册初稿第二章(《资本周转》)中所开始的研究。其中所阐述的固定资本和流动资本周转的规律性,是确定利润率变化规律的出发因素。在《利润率》这一手稿中,马克思论述了资本周转的变化对利润率的影响;他在确定生产价格量时曾考虑到资本周转的影响和资本有机构成的不同,提出了生产价格的相应公式。

在计算平均利润率时,马克思把按生产费用计算的利润率和按全部预付资本计算的利润率区别开来。生产费用(K)和预付资本(C)的差别首先在于:生产费用只包含一年之中所耗费的资本,也就是说只包含用于某种产品生产的这样一笔资本支出,这笔支出只包括发挥职能的固定资本在一年内的折旧部分。其次,按预付资本计算利润率时资本周转时间有重要意义。因为同一流动资本在一年内可以预付多次。因此,在流动资本于一年内周转多次的情况下,生产费用同预付资本便大有出入。由此就产生了按生产费用计算的利润率和按预付资本计算的利润率之间的差别。这种差别取决于流动资本同固定资本的比例以及固定资本

---

① 恩格斯:《〈资本论〉第三卷序言》,见《马克思恩格斯全集》第25卷,北京:人民出版社1975年版,第8页。

② 手稿的原文还指出应参阅《资本论》第一卷第一版各处。

的周转时间。同流动资本相比，所使用的固定资本越多，预付资本在一年中的周转就越慢（在其他条件不变的情况下）；而要使预付资本价值在一年内完成一次周转，流动资本的周转就必须越是快。

如果我们用字母 K 表示生产费用，C 表示预付资本，M 表示一年中生产的全部剩余价值，则按生产费用计算的利润率是 $P' = MK$；而年利润率，即按预付资本计算的利润率是 $P'' = MC$。这种计算法并不是随便想出来的。它是从实际的资本运动本身得出来的。所以，每个资本主义企业从生产费用和预付资本量出发，不仅可以计算利润率，而且可以计算商品的生产价格。马克思把按预付资本计算的利润率称为年利润率，并指出这一利润率对于总资本运动的重要意义。

马克思在计算周转对利润率的影响时发现了下述规律性。在资本有机构成和剩余价值率已定的情况下，一笔年平均周转次数同社会资本周转次数相等的资本的年利润率，是由按生产费用计算的利润率决定的。已知 MK 的比率，则按预付资本计算的年利润率同按生产费用计算的利润率发生的偏离，即借 MC 同 MK 发生的偏离，是周转次数影响的结果。由此可见，生产费用可以等于、大于或小于预付资本。

资本的周转速度如果不同于社会资本的年周转速度，那情况也就有所不同。"这样的资本的年利润率，不是由同该资本生产的商品价值相一致的、按费用价格计算的利润率来决定，相反，资本加到费用价格上去的利润率是由既定的一般年利润率决定的。"[1]

按生产费用计算的利润率，会按照资本的周转速度，即按照其周转速度同平均周转速度相比加快或变慢的程度而增加或减少一定的百分率。

如果平均社会资本每年周转的次数多于、少于一次或有时周转一次，那么，这对于所阐述的规律性没有什么影响。

---

[1] 原稿存苏共中央马列研究院中央党务档案馆。

要根据按生产费用计算的利润率来计算年利润率，通常在确定资本年周转时总是假定 K=C（生产费用等于预付资本），不考虑周转时间和一年中周转次数的变化。如果 $P''=MC$，$P'=MK$，则 $P''=P'\cdot KC$。

为了更好地比较按生产费用计算的利润率和按预付资本计算的利润率，马克思在考察各种不同情况时使用了同一些数字，只有一处是例外。他考察了资本周转产生影响的几种可能的情形，撇开了资本有机构成提高的情况。

马克思发现了一系列函数关系并在此基础上得出了生产价格的一般公式。

1. 如果生产费用价值一年周转一次，则 $K=C$，就是说两者的差别等于零，因而 $P''=P'\cdot KC$，因为 $P''=P'$。

2. 如果生产费用价值一年中的周转少于一次，则 $K<C$，且 $C-K=d$，其中的 d 是年生产费用同预付资本的差额，即 $K\pm d=C$。因而 $P''=P'\cdot KK\pm d$，且 $P''P'=KK+d$，因为 $K+d>K$，故 $P'>P''$ 或 $P''<P'$。

3. 如果生产费用价值在一年中的周转次数多于一次，则 $K>C$ 或 $K-d=C$，即 $K=C\pm d$。因而 $P''=P'\cdot KK-d$，$P''P'=KK-d$ 且 $P''>P'$。

马克思依据这种函数关系得出了生产价格（Z）的一般公式：$Z=K(I+P')\pm d\cdot P'$。

如果 $C=K$，则 $d=0$，且 $Z=K(I+P')$，生产价格就等于商品价值；如果 $C>K$，则 $d>0$，且 $Z=K(I+P')+d\cdot P'$，生产价格就高于商品价值；如果 $C<K$，则 $d<0$，且 $Z=K(I+P')-d\cdot P'$，生产价格就低于商品价值。

马克思在该手稿中考察的另外一个重要因素，牵涉到资本的有机构成问题。由于资本的有机构成不同，按生产费用计算的利润率也各不相同，按生产费用计算的利润率取决于价值形成过程中发挥作用的资本的有机构成，也就是取决于实际耗费的资本的有机构成。由于在劳动过程中全部预付资本都发挥作用，但预付资本中只有一年内用掉的部分才参与价值形成过程,所以,固定资本中究竟有多大部分进入价值形成过程,这要取决于它的磨损程度,取决于整个固定资本的相对价值量;因此,在其他条件不变的情况下,按生产费用计算的利润率也会发生变化。

马克思阐述了下述命题:"可见,如果周转次数相同,但按费用价格计算的利润率由于资本有机构成不同而各不相同,那么,当代表社会资本的资本所得较大时,利润率较小的资本的产品价值就会加上 m_1-m_2,即加上的数量=两笔资本的产量的差额。"①

根据这一命题,就概括出了生产价格公式(这一公式已把资本有机构成的平均化考虑在内):

$Z=K(I+P') + (m_1-m_2)$

鉴于资本有机构成不同,马克思又提出适用于不同资本的商品生产价格的一般公式:

$Z=K(I+P') = I\pm d'K$

在这里 $d'=P''-P'$,或者 $Z=K(I+P') \pm (P''-P') \cdot K$

最后,马克思把两种因素即资本周转和资本有机构成都考虑在内,又得出生产价格的下述一般公式:

$Z=K(I+P') \pm d P'\pm dK$

如果全部社会资本每年周转一次,并形成平均有机构成,那么商品价值就等于 $K(I+P')$,并与商品生产价格一致。

可见,马克思关于平均利润和生产价格的理论,是合乎逻辑地建立起来的、有科学根据的学说,这一理论形成的各个阶段完整地反映了马克思主义经济科学的整个发展过程。对马克思的文献遗产进行合乎逻辑的分析,将有助于我们确定这样一些中间环节,正是通过这些环节,才从价值和剩余价值这些基本范畴过渡到生产价格和平均利润,即过渡到前者出现在竞争领域时所采取的那些形式。

---

① 原稿存苏共中央马列研究院中央党务档案馆。

三 〔苏〕B.B.维戈茨基：1863—1865年马克思最终使用"劳动力"概念①

作者详细考察了马克思写作《资本论》的最后手稿的阶段，注意研究马克思政治经济学的最重要概念，如"劳动力"这一概念的形成过程。维戈茨基把这一概念的确定同马克思在第一国际总委员会的报告②联系在一起。报告反驳了第一国际委员韦斯顿的发言，后者站在庸俗政治经济学的立场上，断言普遍提高工资不能给工人带来什么好处，因而工人阶级争取提高工资的斗争是徒劳无益的。马克思首先考察了韦斯顿的论据，并指出它与实际情况是矛盾的。③

马克思注意的中心是考察"劳动价值"。他指出，工人和资本家之间交易的对象不是劳动，而是劳动力。他在报告中使用了专门术语，"laboring power"，相应的德文术语是"Arbeitskraft"（"劳动力"），而在先前的经济学手稿中使用的术语主要是"Arbeitsvermögen"或"Arbeitsfähigkeit"（"劳动能力"）。马克思在1857—1858年手稿中解决价值理论和剩余价值理论的关键问题，在价值的基础上说明资本主义剥削的机制，都是同"劳动能力"这一术语的应用分不开的。

"可以断定，正是这里所考察的报告标志着'劳动能力'向'劳动力'的最后转变。"作者用图表加强自己的结论，在表里对比了经济学手稿和《资本论》中按时间先后使用"劳动能力"和"劳动力"的情况。图表清楚地表明了一个术语代替另一个术语的情况。

"为什么马克思要改用另一个术语？大概因为'劳动力'这一术语

---

① 本文选自《马列主义研究资料》1985年第3辑。原载《马克思的〈资本论〉史文集》，莫斯科1983年版，第136—171页；译自苏联《社会科学文摘［科学共产主义问题类］》，1984年第4期，第15—17页。文瑞译。
② 指马克思的《工资、价格和利润》一文。——摘者注
③ 在这个意义上，报告的结构同1857年手稿的结构很相似，手稿中实际上驳倒了达里蒙的理论，后来又转而分析货币理论。——摘者注

把'劳动能力'所表达的工人和资本家之间交易的潜在性质同工人所出卖的商品的能动的、活动的性质综合在一起了。"维戈茨基指出:"也许马克思的报告中援引的托·霍布斯关于工人向资本家出卖自己的'体力的使用权'(the use of his power)的说法,在某种程度上对马克思产生了影响。"不管怎样,马克思在总委员会上演讲以后,最终决定采用"劳动力"这一术语,但是在《资本论》里同时也使用了"劳动能力"这一术语。

马克思在这里提到的报告中研究了劳动力价值的特殊性质,这种性质是由自然的和历史或社会的因素来说明的。第一种因素形成劳动力价值的最低界限。劳动力价值的社会界限是由每个国家的传统生活水平决定的,而这种实际水平又是通过资本家阶级和工人阶级之间经常的斗争确定的。

四 马克思和恩格斯为第一国际的创建所作的贡献——《马克思恩格斯全集》历史考证版第 1 部分第 20 卷前言[①]

本卷包含从国际工人协会成立大会(1864 年 9 月 28 日)到《资本论》第 1 卷出版(1867 年 9 月中旬)这一时期内马克思和恩格斯撰写的、或在他们的直接影响下编撰的著作、文章、声明、决议、演说以及草案等。它是《马克思恩格斯全集》历史考证版第 1 部分若干反映马克思和恩格斯在国际工人协会从事活动的卷次的开首卷。

国际工人协会这一组织的成立开创了工人运动史上的新时期。它逐渐发展成为工人的第一个国际性群众组织。如果说,在共产主义者同盟中就已经有少数政治前锋接受了马克思和恩格斯的学说,那么,在第一

---

① 本文选自《马克思恩格斯研究》1994 年总第 19 期。原载《马克思恩格斯全集》历史考证版第 1 部分第 20 卷。

国际中，马克思主义的基本思想开始被日趋兴起的无产阶级群众运动所接受。在工人运动历经数十年自主独立的过程中，国际工人协会取得了决定性的突破。

协会成立之际，一些先进国家的资产阶级革命的历史进程已步入尾声。工业革命在大不列颠已经结束；它在美国以及德国和法国也已实施，在欧洲大陆其他国家取得了明显的进展。1857年国际性的经济危机以及随之出现的罢工运动的增多，向众多工人明示：工人们在反对资本的斗争中团结一致是何等重要。这一时期的民族和民主运动，特别是争取意大利民族统一和独立的斗争，1861—1865年美国内战，1863—1864年的波兰起义和围绕德意志民族国家问题展开的争论，这一切促进了工人运动在政治上的复苏。许许多多的工人被吸收到政治生活中来，他们还跨越国界，为共同行动而努力。由于英国工人同法国工人的接触而产生了一种想法，即成立一个国际工人联合会。

但是，一些工人组织刚刚逐步摆脱对资产阶级自由派和小资产阶级民主派力量的依从，也暂时发现了各种不同的社会主义学派，找到了派别追随者。意大利的工人联合会由志同道合者朱泽培·马志尼领导。工联主义在英国的工人运动中占主导地位，蒲鲁东主义在法国和其他罗曼语国家以及拉萨尔主义在德国对进步工人起着决定性的影响。

要把工人运动建成一支独立的政治力量，就必须进行不懈的斗争。本卷包含的文章反映了马克思和恩格斯在这场斗争中所起的作用。它们特别展现了马克思政治事业中的一个成就卓著的时期。恩格斯后来甚至写道："摩尔的一生，要是没有国际，便成了挖出了钻石的钻石戒指。"[1]

在伦敦圣马丁堂举行的成立大会上选出了国际工人协会临时委员会，马克思十分关注这个领导小组的活动。国际成立的文献以及临时中央委员会和后来的总委员会的大多数公开信和声明都是由他起草的。他

---

[1] 《马克思恩格斯全集》第36卷，北京：人民出版社1975年版，第44页。

还亲自并通过他的战友影响国际代表大会和各次会议的工作,他起草了几份国际会议最重要的决议。在国际工人协会领导小组的工作中,马克思得到了恩格斯的支持。恩格斯虽然在1870年秋天由曼彻斯特移居伦敦之前未能成为总委员会成员,但他一直在向马克思献计策,从一开始就参与国际的一些重要的政治和思想的立场的制定,特别是参与德国工人运动的战略和策略的基本问题的制定。

在这一时期,马克思的理论创作活动的高峰是撰写一部重要著作,他打算在这部著作中揭示资本主义的经济运动规律,因为他认为,必须为社会主义提供最基本的科学根据。在1863年至1865年间,他写成了《资本论》的第3部即最后一部草稿。在第1部草稿即1857—1858年写的《政治经济学批判大纲》中,马克思已经从根本上阐明了剩余价值的实现问题。在第2部草稿即1861—1863年经济学手稿中,他进一步制定了他的经济学说的整个体系,并且研究了这几个问题:剩余价值为什么以利润、利息和地租的形式表现出来,这些形式的特点是什么。在第3部草稿即《资本论》(1863—1865年经济学手稿)① 中,马克思的经济学说达到了这样的成熟阶段:他能够将自己的经济学说作为一个辩证地划分了的整体,分别在关于资本的生产过程、资本的流通过程和资本主义生产的总过程这三册书中内容联贯地加以论述。1866年初,他开始编辑第1卷的付排稿。②

本卷收载的国际工人协会的文献原则上已经以马克思的理论在完成《资本论》写作的过程中所达到的发展水平为基础。这些文献同时反映了马克思和恩格斯为把自己的理论紧密地与复苏的工人运动相结合所作的努力是如何再次推动理论发展的。当时正在发展中的无产阶级群众运动要求在比以前更加广泛的基础上把日常工作同未来的目标结合起来,以及引导缺少经验的工人有组织地、自觉地进行政治活动。要把现代工

---

① 《马克思恩格斯全集》历史考证版第2部分第4卷第1、2分册。
② 参看《马克思恩格斯全集》历史考证版第2部分第5卷。

业无产阶级的需要摆到中心位置，必须制定经济斗争的策略。同样，在为民主目标进行的斗争中，工人的义务也增加了。马克思和恩格斯承担了这一任务，与此同时，他们汲取工人运动的经验，从而对阶级斗争中经济、政治和理论方面的基本问题获得了新的认识，并且拟定出原则和口号，这些原则和口号在长时期内深深地影响着国际社会主义运动。

本卷开首的《国际工人协会成立宣言》和《协会临时章程》属于马克思撰写的最重要的纲领性文献。马克思在其中以广大工人所能理解的方式，表述了无产阶级解放斗争的目标和途径。他制定了一个基本立场，它也能为工联主义者、蒲鲁东主义者和拉萨尔派所接受，它同时明确主张，共同为保卫工人阶级、为工人阶级的进步和彻底解放而斗争。最初提交给国际临时委员会的一份按照小资产阶级民主主义和社会主义的思想起草的原则声明，以及一份由马志尼起草的章程草案曾引起种种异议。相反，委员会的委员们一致同意了马克思起草的草案。

在草案中，马克思使用了一种表达工人本身的思想和感情的语言，同时帮助他们深刻地认识自己斗争的条件和目标。《成立宣言》以论述资本主义的基本发展趋势为出发点，在论述中，马克思依据的是《资本论》第1卷的草稿。这部草稿是马克思写在1863—1865年经济学手稿中的，它完成于1864年8月。在这部手稿中包含着对资本主义的生产过程和积累过程的认识，据此，马克思才能在《成立宣言》中述及生产力发展特别迅速的时期时证明他的观点，即现存资本主义关系下的技术进步不会使阶级对立消逝，而是"在现代这种邪恶的基础上，劳动生产力的任何新的发展，都不可避免地要加深社会对比和加强社会对抗"①。

因此，马克思奋力为一个信念——工人们必须为彻底改造社会而斗争——工作着。在《协会临时章程》的纲领性引言部分，他把这个信念精辟地概括为几条原则，它们的中心思想是把工人阶级的彻底解放作

---

① 《马克思恩格斯全集》第16卷，北京：人民出版社1964年版，第10页。

为国际工人协会的最高目标。这些原则强调："工人阶级的解放斗争不是要争取阶级特权和垄断权，而是要争取平等的权利和义务，并消灭任何阶级统治。"① 这条原则的开头是最高准则："工人阶级的解放应该由工人阶级自己去争取。"②

马克思在《成立宣言》中阐明了1848年以来工人运动的一系列经验，这一点极为重要。他同时还依据自己经济学研究的新成果，提出了在资产阶级制度内部发展起来的未来社会的两个因素：合作劳动，特别是英国工人的合作经营的工厂，是未来社会中自由劳动的原型；通过英国的10小时工作制法案来实现的、有国家法律保障的缩短工作日，是社会有计划地影响生产方式的发展的先例。马克思把这两者评价为劳动的政治经济学对资本的政治经济学的胜利。马克思就合作运动概括出一条实践经验："雇佣劳动，也像奴隶劳动和农奴劳动一样，只是一种暂时的和低级的形式，它注定要让位于带着兴奋愉快心情自愿进行的联合劳动。"③

马克思还一如既往地坚信，工人在争取自己的社会解放斗争中不可避免地遇到握有政权的土地所有者和资本所有者的政治反抗："所以，夺取政权已成为工人阶级的伟大使命。"④

在国际工人协会的重要文献中，马克思明确强调了工人的国际团结。如果说，在过去的几十年里，主要是工人运动的进步代言人的几个小团体——他们大多是生活在国外的流亡者——作为国际主义斗争的代表人物出现，那么，自从大不列颠和法国工人60年代初在罢工斗争中相互支持并且共同表达了对一些国际事件的态度以来，他们开始在更广的范围内开展活动。国际工人协会在长期的活动中丰富了无产阶级国际主义的理论和实践。

---

① 《马克思恩格斯全集》第16卷，北京：人民出版社1964年版，第15页。
② 《马克思恩格斯全集》第16卷，北京：人民出版社1964年版，第15页。
③ 《马克思恩格斯全集》第16卷，北京：人民出版社1964年版，第12页。
④ 《马克思恩格斯全集》第16卷，北京：人民出版社1964年版，第13页。

马克思在《成立宣言》中就对此作出了一个重大的贡献，他第一次扼要地论证了制定国际工人阶级自己的外交政策的必要性。正如特别是法国启蒙运动的代表和德国古典哲学的代表曾宣称的那样，资产阶级社会不可能开创一个和平的民族关系的新纪元。现在马克思则把这一重任确定在国际工人运动的纲领中，他根据英国工人和法国工人互致贺信一事在纲领中写道："工人阶级的解放既然要求工人们兄弟般的合作，那么当存在着那种为追求罪恶目的而利用民族偏见并在掠夺战争中洒流人民鲜血和浪费人民财富的对外政策时，他们又怎么能完成这个伟大任务呢？"①

马克思在上面论证和平斗争的理由时，还强调工人阶级在争取自身解放的斗争中必须同时支持全人类的目标。他认为，这是工人阶级的义务，"努力做到使私人关系间应该遵循的那种简单的道德和正义的准则，成为国际关系中的至高无上的准则。为这样一种对外政策而进行的斗争，是争取工人阶级解放的总斗争的一部分"②。

马克思在章程条文中确定的那些组织规定同他在《成立宣言》中阐述的，并且在《协会临时章程》的引言部分概括的纲领性思想具有同样的重要意义。他设计出适应于广大的、国际性群众组织的一种灵活而又民主的组织结构。这种组织结构的主要特点是，各地方支部和各附设协会享有广泛的权利；承认代表大会是国际的最高机构；各代表大会由向代表大会负责的中央委员会领导。已有的工人组织不应被国际排挤，而应当联合起来，在共同的斗争中继续发展。马克思在《协会临时章程》中规定协会所有会员有义务为联合各国工人组织和创立各国的领导机构而工作，这一点十分重要。国际不应使各国工人阶级的组织成为多余的，而应引导他们，国际也积极地这样做了。但是，当后来在几个最重要的国家形成了强大的工人联合会时，证明由一个中央委员会领导

---

① 《马克思恩格斯全集》第16卷，北京：人民出版社1964年版，第13页。
② 《马克思恩格斯全集》第16卷，北京：人民出版社1964年版，第14页。

的国际组织不再适应工人运动的发展需要，并且由于马克思和恩格斯同时一再提高中央委员会的职权，这最终成了第一国际解散的一个主要原因。

由马克思撰写的这两份国际工人协会的重要文献包含作为无产阶级的阶级组织的国际工人协会的组建原则。马克思、恩格斯及其战友们努力尽可能广泛地传播这两份文献。本卷中除了收载《成立宣言》和《临时章程》的英文原稿外，还收载了马克思于1864年底至1865年初发表在《社会民主党人报》上的这两份文献的德译文文稿。除此之外，在本卷的附录中发表了在马克思的积极主持下于1866年在布鲁塞尔出版的文献法译文文本。本卷资料卷中证明，这两份文献是在60年代马克思撰写的传播最广的纲领性文章。

马克思从一开始就极为注重帮助中央委员会实现有效的工作方式，同时在中央委员会中确保委员会及其拥护者有坚定的立场。反映马克思在这个委员会中所起作用的最重要的资料是"国际工人协会临时中央委员会会议记录簿"，它们被收载于本卷附录中并在其中占有很大篇幅。从中可以了解中央委员会每周会议经过的情况。会议记录簿表明，马克思只要不忙于《资本论》的写作，只要不生病，他总是按时参加委员会的会议。会议记录反映了马克思出席中央委员会会议以及许多由他起草的决议和呼吁书的产生及影响的真实情况，每一次记录都在下一次会议上通过，因而也就是由马克思审订。许多决议提案和马克思的讲话就是通过会议记录簿流传下来的。这个会议记录簿连同本卷的其他文献使我们了解到，马克思尽管既不是中央委员会主席也不是委员会总书记，而是德国的、有时兼比利时的通讯书记，但他对这个领导委员会的活动产生了重要的影响。

马克思因撰写《成立宣言》和《协会临时章程》而在中央委员会委员中享有崇高的威望。后来，委员们一再委托他起草重要的公开信、声明和决议。马克思的提案几乎一无例外地得到大多数委员的同意，尽管他们中的多数人绝非马克思理论的赞同者。这一点可以从下列事实中得到解释。马克思考虑到了他的那些提案是否能得到一致同意；鉴于马克思广博的理论认识和长期的政治经验，任何其他人都不可能像马克思那样，能够检验各国工人在细节问题上互不一致的认识是否普遍适用，汲取有价值的，相反剔除错误的，提出所有在国际中联合起来的派别的代表都能够一致同意的立场观点。正因为如此，在制定国际工人运动的共同纲领的过程中主要角色应由马克思担当，最初在委员会中还有着举足轻重的影响的小资产阶级力量，主要是马志尼的追随者，也不能阻止这一点。

但是马克思也善于赢得一些坚定的拥护者，并使他们在国际的各领导委员会中有决定性影响。正是中央委员会中最积极的委员们越来越紧密地团结在马克思的周围。这些人起初主要是共产主义者同盟造就的德国工人干部如约·格·埃卡留斯和弗·列斯纳。不久以后又加入了其他国家的人，如：欧·杜邦、海·荣克、保·拉法格、沙·龙格和罗·肖。这些人在中央委员会的执行机关，即小委员会——马克思曾打算逐步增强小委员会的作用——中占大多数。埃卡留斯在1864年10月就被选为中央委员会的副主席。他任此职时主持的会议比中央委员会主席、同时担任工联伦敦理事会主席的乔·奥哲尔还要多。当马克思本人不能参加中央委员会和小委员会的会议时，他的战友们也常常把他的观点和建议带到中央委员会和小委员会中加以落实。一些重要的决议、声明和文章都是他们在马克思的参加下起草的。本卷附录中收入了许多战友们在他的帮助下撰写的文章，这证实了马克思在国际工人协会中从事的这方面的工作的重要性。

许多文章表明了国际工人运动的战略和策略逐步制定的过程。国际当时面对着许多政治事件，并且必须对此表态。重要的首先是：进一步制定工人在争取普遍民主的目标的斗争中的任务，因为，在先进国家资产阶级民主改革时期的结束阶段，他们民主解决社会问题的责任加重了。马克思和恩格斯引导那些在国际工人协会中联合起来的工人为了自身的阶级利益坚定地支持民主和社会进步。他们号召工人们参加争取在欧洲国家和美国开展民主改革、争取解放被压迫民众、争取建立和平的民族关系的斗争。同时,他们既反对皮·约·蒲鲁东及其追随者的观点,因为后者认为这样的政治活动会分散工人为自身的社会解放而斗争的注意力,他们也反对工联主义的代表们受资产阶级激进派支配的倾向。

国际工人协会中央委员会在批准了有关成立协会的文献之后通过的第一个文件,是由马克思起草的公开信《致美国总统阿伯拉罕·林肯》,在这封公开信中,中央委员会代表欧洲工人祝贺主张消灭黑奴制的先锋再度当选美国总统。在林肯遇到刺杀后,中央委员会在仍由马克思起草的《国际工人协会致约翰逊总统的公开信》中再次表示要与美国民主力量一起为彻底消灭奴隶制而共同斗争。

马克思和恩格斯还主张,国际工人协会支持欧洲各被压迫民族如意大利、爱尔兰、波兰、匈牙利及其他民族的民族解放斗争。他们非常坚决地要求重建一个独立的波兰。因此,应当扯断自18世纪波兰被分割为三部分以来使普鲁士和奥地利依附沙皇俄国的链条。独立的波兰应当形成一堵防护墙,以抵御反动的政治影响,抵御沙皇统治——固然,马克思和恩格斯过高地估计了沙皇统治的能力——可能向中欧和西欧进行反革命渗透。应当保障工人阶级为开展自身的解放斗争所需要的民主变革。马克思和恩格斯认为,工人们站在波兰一边很重要,更何况资产阶级自由主义逐步放弃了对波兰的传统友谊,特别是在德国,那里资产阶级的绝大部分主张向容克阶级妥协,主张通过普鲁士实现德意志民族国家的统一。

国际工人协会中央委员会在1864年12月和1865年1月间展开的第一组理论讨论就是关于波兰的问题。当波兰解放运动的积极先锋彼得·福克斯——同许多民主党人一样,他希望得到西方力量的帮助——

对波拿巴法国对待波兰的态度抱有幻想时，马克思在1865年1月3日中央委员会的演说中反驳了他。本卷收载了他的《关于法国对波兰的态度的演讲草稿（同彼得·福克斯的论战）》。

为此，马克思进一步研究了过去几年的外交史，特别是进一步进行他1863年为完成与恩格斯共同计划的小册子《德国和波兰。1863年波兰起义期间的政治军事的思考》①所作的研究。他说明了自路易十五以来法国的外交政策，并且详细地指出，无论是封建的还是资产阶级的法国都没有支持波兰人民的自由斗争，相反地，无论是旧秩序②还是法兰西共和国和拿破仑的法国始终推行了自私的、以扩张权力为目的的外交政策。马克思通过演说报告促使人们认识，波兰人民只有在国际工人运动中才有可靠的同盟者。

在这次讨论之后，福克斯在1865年3月1日于伦敦召开的国际波兰问题会议上作为中央委员会的发言人声明："保守的欧洲的口号是：被奴役的欧洲要以被奴役的波兰为基础。相反，国际工人协会的口号是：自由欧洲的基石是自由和独立的波兰。"③

当蒲鲁东主义者和各派民主党人反对把旗帜鲜明地支持波兰独立作为国际外交政策的核心时，恩格斯应马克思的请求于1866年初写了一组文章《工人阶级同波兰有什么关系？》。这组文章从理论上透彻地论证了"已联合起来的欧洲工人的对外政策"④。恩格斯在文章中也阐述了他和马克思主张的民族问题上的政策。他强调，工人们必须坚定地主张民族自决的权利。恩格斯认为，一些大的欧洲民族为实现和维护独立自主的生存而作的努力，是民主改革的历史过程的一个重要部分，它的成功与否关系到工人运动的进步。相反，恩格斯指出，波拿巴的"民族原则"及其维护者提出的各个民族——不管它的代表生活在哪个地

---

① 参看《马克思恩格斯全集》历史考证版第1部分第19卷。
② 指法国1789年革命前的政治和社会制度。——译者注
③ 《马克思恩格斯全集》第16卷，北京：人民出版社1964年版，第106页。
④ 《马克思恩格斯全集》第16卷，北京：人民出版社1964年版，第172页。

区——争取独立的要求的实质,是企图利用主要是较小民族的民族运动来达到反革命的目的。然而,在这一组文章中提到了一种看法,即较小的民族通常没有能力作为一个独立的民族存在,这被证明是不切实际的。面对资本主义走向集中的趋势,恩格斯认为,那些较小民族反对民族压迫,争取民族独立和建立自己的国家的斗争是无足轻重的。

马克思和恩格斯从一开始就参与为一些最重要的欧洲国家的国际会员和各支部的活动制定政治方向。

与此同时,马克思极为关注不列颠工联,它已发展了上万的会员,为国际工人协会组建了最强大的机构。马克思把以选举权改革为目标的群众运动——19世纪下半叶大不列颠最重要的民主运动——看作是吸收不列颠工联加入政治斗争的主要手段。下面的文献可以证明这一点:中央委员会1865年1月24日、2月14和28日以及4月25日会议的记录,马克思的《写给海·荣克的有关厄内斯特·琼斯致中央委员会的信的便函》①。马克思力促国际的领导机关致力于开展民主的群众运动,并且提高对1865年初成立的改革同盟的影响。中央委员会敦促改革同盟要求普选权(男人21岁以上享有普选权)。马克思和他的战友们同工联的许多领导人顺应资产阶级激进派的温和目标的倾向进行了顽强的斗争,但是这场斗争未能阻止这些工会领导人的妥协态度,致使后来不列颠政府仅仅进行了有限的选举权改革。马克思希望最先进的资本主义国家中的工人运动能够在国际的引导下走上革命的轨道,他的希望落空了。

法国是国际工人协会在欧洲大陆的第二战场,在那里,马克思把反对波拿巴政权的斗争视为国际协会会员的首要任务。他积极地为巩固巴黎支部而努力。他写的《关于巴黎支部中的冲突的札记》、《总委员会关于巴黎支部中的冲突的决议》及其草稿如《写给海·荣克的

---

① 参看《第一国际总委员会会议记录。(1864—1866)》,北京:中国人民大学出版社1987版,第269页。

有关巴黎支部中的冲突的便函》均表明，他是如何参与这场于1865年初在支部中的蒲鲁东派的工人干部和资产阶级共和党人之间爆发的争论的。马克思拒绝了资产阶级共和党人在支部中取得领导地位的要求，驳斥了他们怀疑巴黎理事会成员受波拿巴主义影响的看法，而与此同时，他又打算由有经验的工人代表来加强巴黎理事会。马克思的这些行动为确保法国各支部中无产阶级力量的领导地位，同时为巩固国际的领导机关中央委员会的威信作出了重要的贡献。中央委员会本身在这场争论中加强了包括马克思在内的领导核心，而一伙民主党人退出了中央委员会。

马克思和恩格斯尤为关心德国，因为那里已经出现了全德工人联合会这一独立的、政治的工人组织。他们首先力图引导全德工人联合会——它的创建人和第一任主席1864年8月死于决斗——加入到国际工人协会中来，就此有必要使联合会会员摆脱拉萨尔主张的纲领原则和组织原则，并且将联合会改造成革命的工人政党。抱着这一目的，马克思和恩格斯参加了在柏林出版的联合会机关报《社会民主党人报》的工作。马克思担任最初发表在《社会民主党人报》上的国际重要文献的德文翻译工作。这些需要译成德文的重要文献除了《成立宣言》和《协会临时章程》外，还有《致美国总统阿伯拉罕·林肯》。

在《论蒲鲁东（给约·巴·施韦泽的信）》一文中，马克思为纪念法国社会主义者之死向《社会民主党人报》的读者叙述了此人的观点和政治活动。马克思赞许蒲鲁东的功绩，尤其是他对资本主义私有制的攻击，他对宗教和教会的批判以及他为1848年巴黎六月起义者的辩护。而首先，马克思继续那一场在40年代就已开始的同蒲鲁东的哲学、经济学和政治观点的争论。他同蒲鲁东的"解决社会问题"的构想，特别是他的通过人民银行实行无息信贷的观点展开论战。在这篇文章中，马克思批判了蒲鲁东和拉萨尔——尽管他们有极明显的差别——所共同具有的一些意识形态和政治的特点，例如：在理论方面，对辩证唯物主义的方法缺乏理解，运用形而上学地解释范畴的方法；在政治方面追求短期效果。马克思对蒲鲁东顺应法国的波拿巴政体所作的尖锐批判尤其表明，他拒绝拉萨尔向俾斯麦的政策献媚，马克思和恩格斯确信，全德工人联合会必须首先摆脱俾斯麦的政策。

马克思和恩格斯主张，工人坚持不懈地沿着民主的道路为建立资产阶级的德意志民族国家而斗争，尽管这条道路成功的机会不大。而《社会民主党人报》的编辑施韦泽却越来越迎合俾斯麦的"自上层"统一德国的政策。经多次警告不见成效之后，马克思和恩格斯公开声明同这家报纸决裂。恩格斯在1865年2月底发表的文章《普鲁士军事问题和德国工人政党》中，以同全德工人联合会的领导人间接论战的方式连贯地阐述了德国工人运动面对普鲁士的军队和宪制冲突应当遵循的战略策略。

这篇文章的第一篇中阐述的对普鲁士军事制度改革的看法为工人运动的反军国主义斗争提供了根据。60年代，在许多欧洲国家实行了军事制度改革，改革是为了使军事制度适应于各种发展了的资产阶级社会关系，适应于由资本主义工业带来的军事技术。由于军国主义加强了，所以反对军国主义的斗争日趋重要。恩格斯在分析普鲁士军事制度改革时指出，工人们必须反对那些为了对外发动侵略战争和对内实行镇压而加强军队的措施。他赞成较短的兵役期和实行普遍义务兵役制。相反，他不同意许多民主党人热衷于没有兵役期的纯粹民军制。

马克思也运用了恩格斯所阐明的立场。1866年，他把这一立场作为中央委员会日内瓦代表大会决议提案的基本立场，在《临时中央委员会就若干问题给代表的指示》①的"军队"这一部分中表达出来。

恩格斯在他的文章的第二、三篇中进一步阐述了争取将德国的资产阶级改革进行到底的斗争中的政治任务，在这里注意到了阶级关系上发生的种种变化，特别是资产阶级正在不断放弃本身对自由的要

---

① 《马克思恩格斯全集》第16卷，北京：人民出版社1964年版，第213—223页。

求。他提出,工人运动必须全力以赴加入争取建立统一的德意志资产阶级民族国家的斗争,但是决不允许支持俾斯麦为了普鲁士容克的利益并用他们的资金而选择的、资产阶级所能容忍甚至提倡的"自上层"实现统一的非民主道路。如果资产阶级由于害怕工人而向反动派妥协,那么工人就必须更加坚定地把争取民主权利和自由的斗争继续进行下去。在这里,恩格斯对工人阶级的民主自由所具有的不容轻视的意义说了一句有分量的话:"没有这些自由,工人政党自己就不能获得运动的自由;争取这些自由,同时也就是争取自己本身存在的条件,争取自己呼吸所需的空气。"①

马克思和恩格斯为宣传《普鲁士军事问题和德国工人政党》这部著作作出了很大的努力。本卷除收载了马克思和恩格斯亲笔为这部著作写的简介和内容说明外,还首次发表了所有已查明了出处的文章,如约·雅·克莱因、威廉·李卜克内西和卡·济贝尔按照恩格斯的书面建议发表在不同的德文报纸上的文章。这是当时前所未有的一场为传播马克思主义的一部著作而展开的最强的新闻攻势。它标志着,恩格斯的著作是德国的原有社会主义的政党——它在1848—1849年以《新莱茵报》为代表——提出自己的原则的一个例证。

马克思和恩格斯已经认识到,在国际工人协会中应把民主的和社会主义的目标统一起来,同样,他们对把政治斗争同经济斗争相结合也有新的认识。国际在广大工人中获得声望首先是由于:国际在经济斗争中组织了国际性互助行动;帮助罢工者和被解雇者获得外国的资金援助;阻止企业主启用外国工贼。《临时中央委员会会议记录簿》表明,马克思于1865年春促使中央委员会和英国工联支持莱比锡印刷工人罢工,从而发起了这种互助行动的第一次活动。此后,马克思一再参加中央委员会派出探访工联的代表团,去敦促工联采取措施支持罢工者并同国际工人协会建立联系。

---

① 《马克思恩格斯全集》第16卷,北京:人民出版社1964年版,第86—87页。

作为通讯书记，马克思号召德国工人不要被人利用作为罢工的破坏者去反对自己英国的同行们。他表示期待德国的工人们"像自己的法国、比利时和瑞士的兄弟们一样，能够维护本阶级的共同利益，而不会同意在资本反对劳动的斗争中充当资本的顺从的雇佣兵。"① 马克思在国际工人协会中央委员会日内瓦代表大会的一份决议草案中概括地写道："协会的伟大目的之一就是要尽力使各国工人在争取自身解放的统一大军中不仅有兄弟和同志那样的感情，而且像兄弟和同志那样地行动。"②

国际在各阶级经济问题争论中所扮演的角色，也促使马克思进一步科学地阐明工会斗争的基本问题。在先进的国家里，正在形成的工业无产阶级越来越加强工会的团结，越来越多地采取罢工这种适合于他们的斗争形式，当1865年春天和夏天资本主义的周期中经济发展达到高潮时，出现了当时前所未有的最大的国际性罢工浪潮。但是，蒲鲁东主义者、拉萨尔主义者和欧文主义者中不少持宗派主义观点的代表人物反对这种罢工斗争。对这个问题持正确的态度，这在很大程度上决定了国际工人协会是否能发展成为群众性组织。当一名积极的中央委员会委员——欧文主义者约翰·韦斯顿自己充当这种立场的发言人时，马克思过问了这件事。他于1865年6月20日和27日在中央委员会作的报告中根据自己的经济学研究，论证了争取提高工资和缩短工作日的斗争是可行的，并且无论如何是必要的。这个报告在他去世后以《价值、价格和利润》③为题发表。同时，他试图启发国际的中央委员会委员们懂得，必须科学地看待社会生活的各种关系，特别是科学地看待资本主义经济的规律性，才能对实践的和政治的问题有一个正确的态度。

---

① 《马克思恩格斯全集》第16卷，北京：人民出版社1964年版，第185页。
② 《马克思恩格斯全集》第16卷，北京：人民出版社1964年版，第214页。
③ 即《工资、价格和利润》，下同。——译者注

与社会主义学说的各种代表人物不同，马克思和恩格斯从不否定工会的斗争，不仅如此，他们在 40 年代就已经强调，工会的斗争有利于提高工人们的觉悟和组织性。然而，只要他们还认为资产阶级古典经济学的工资理论是正确的，他们就不能正确认识争取提高工资和缩短工作时间的斗争在经济上的必要性。直到马克思有了成熟的经济学理论，他才在此基础上科学地论证了这种必要性。他第一次公开作这种论证是在中央委员会上的报告《价值、价格和利润》中。在报告中，马克思以他写作《政治经济学批判大纲》以来的经济学研究为依据，并且利用了《资本论》所有三个理论卷草稿中阐述的认识。

　　马克思在报告的第一篇中证明，韦斯顿提出的观点是与社会的现实相矛盾的。韦斯顿有意识或者是无意识地假设，国民产品量是一种不变的东西，并且还把实际工资总额看作是不变的。与之相反，马克思指出，国民产品的增长因素是：人口、资本积累和劳动生产力。他同时说明，甚至在产品数量不变的情况下，工资也可能提高，而且提高部分来自资本家的利润。

　　那种认为争取提高工资的斗争不可避免地导致生活资料价格的提高，因而这种斗争是毫无意义的观点是错误的，这种错误的观点源出于资产阶级政治经济学的、事实上是自重农学派以来所主张的构想，即工资由生活资料的最低限度决定。针对这个错误的观点，马克思借助英国统计学家的分类表证明，伴随着工资的提高——这是 1849—1855 年在大不列颠实施了十小时半工作日法案后出现的——而来的是工业产品和农业产品的价格的降低。事实同样证明，资产阶级经济学家的解释，即不破坏资本主义生产过程的正常运行就不可能缩短工作日，是错误的。

　　在证明了韦斯顿的假设的实际不正确性之后，马克思揭示了那些真正的经济关系。在报告的第二部分，也就是真正的理论部分，马克思阐述了他关于政治经济学基本范畴的观点。他论述了价值、劳动力商品、遵循价值规律的情况下剩余价值的生产，以及剩余价值如何划分为工业利润、利息和地租。在此基础上，他阐明了利润、工资和价格之间的一般关系。与此同时，马克思不仅综合了他的经济学理论的重要认识，而且扩展了他迄今所作的论证并同时把这些论证精确化。有几处论述补充了或者说解释了他在自己的著作《政治经济学批判（1861—1863年手稿）》和《资本论》第1卷中的一些提法，作为他的理论研究的结论，马克思概括道："工资的普遍提高只会引起一般利润率的降低，而不会影响到商品的价值。"①

在报告的最后部分马克思对工人阶级的状况及其反对资本家阶级的斗争作了结论性论述。他通过各种争取提高工资的斗争的范例指出，这种斗争大多是"劳动对资本先前行动所表示的一种反抗行动"②，例如，如果延长劳动时间，劳动强度提高了，或者说，工人的社会处境与资本家相比恶化了，这证明争取提高工资的斗争在经济上是合理的。

研究劳动力商品的价值的特点，对于从理论上论证工会斗争尤为重要。马克思得出结论说，劳动力商品的价值的特点不仅仅由生理的要素决定，而且还由历史的或社会的要素决定。如果说生理要素构成劳动力商品价值的最低界限，那么，社会界限"取决于每个国家的传统生活水平"③。资本家和工人之间的不断斗争确定了社会界限的高低。如果工人阶级对把劳动力的价值降低到它的最低限度的做法不采取不断的反抗，他们"就会沦为一群听天由命的、不可挽救的可怜虫"④。马克思还以争取用法律限制工作日的斗争为例证明了工人阶级采取政治行动的必要性，因为，从纯经济的角度来看，资本是较强的对手。

在报告的结束篇中，马克思同反对否定工会的活动一样反对将工会的活动绝对化，他确定了工会活动在无产阶级阶级斗争中的地位，按照

---

① 《马克思恩格斯全集》第16卷，北京：人民出版社1964年版，第156页。
② 《马克思恩格斯全集》第16卷，北京：人民出版社1964年版，第163页。
③ 《马克思恩格斯全集》第16卷，北京：人民出版社1964年版，第164页。
④ 《马克思恩格斯全集》第16卷，北京：人民出版社1964年版，第168页。

他的理论，工会的活动应具有这样的地位。本卷还发表了摘自 1864—1866 年的笔记本——这个笔记本将作为一个整体被编入《马克思恩格斯全集》历史考证版第 4 部分——的文章草稿，这也证明了这个结论的重要。在论述上作了较大改动的《关于〈价值、价格和利润〉的报告札记》①清楚地表明，马克思是竭力去阐述他报告中的政治结论的。

《价值、价格和利润》这个报告在马克思的政治经济学理论史上是连接 1863 年至 1864 年产生的《资本论》第 1 卷的草稿和《资本论》第 1 卷第 1 版的链环。通过这一链环，马克思为在《资本论》第 1 卷中论述价值理论和工资理论获得了重要的认识。从政治角度看，他通过向中央委员会委员们阐述自己的观点，从而为制定一个包括经济斗争的基本问题在内的国际工人协会的最低纲领创造了前提条件，这个纲领应当由协会第一次代表大会通过。

这次代表大会必须最后决定应在什么样的政治的和意识形态的基础之上组建国际工人协会。因此，马克思认为，认真地准备这次代表大会是绝对必要的。他这样做也是针对巴黎的蒲鲁东主义者的，他们主张国际自发地发展。马克思提议，中央委员会推延原计划于 1865 年召开的代表大会，而首先在伦敦举行一次由大陆的代表们参加的会议，在这个会上，马克思可以直接影响代表们。马克思是《国际工人协会临时中央委员会会议记录簿……》中保留下来的《在 1865 年 7 月 25 日中央委员会全体会议上修改和通过的常务委员会关于代表大会和代表会议的报告》②一文的主要作者，他在其中论证了上述重要决定的必要性。他还草拟了小委员会的报告中提议的代表会议的日程，在代表会议上预先协商代表大会的日程。许多由马克思建议的协商条款都与他的报告《价值、价格和利润》中的结论有直接的联系。

---

① 《马克思恩格斯全集》第 44 卷，北京：人民出版社 1982 年版，第 505 页。
② 《马克思恩格斯全集》第 16 卷，北京：人民出版社 1964 年版，第 581—583 页。

《1865年9月25—29日国际工人协会伦敦代表会议记录》①反映了马克思在国际第一次代表会议的协商中所起的作用。与会者认可了由马克思起草并由代表们以中央委员会的名义提出的正在组织中的代表大会的纲领。代表会议之后,马克思对用法文起草的代表大会纲领的两份文稿进行了编审,这两份文稿现收入本卷。马克思在代表大会纲领中就已经草拟了国际工人协会的最低纲领,它应由当时即将在日内瓦召开的代表大会通过。

在日内瓦代表大会筹备期间,国际工人协会内部展开了一场激烈的政治的、意识形态的斗争。当国际在马克思及其拥护者的影响下日益表现为有战斗力的无产阶级的阶级组织时,几个民主党人——比埃尔·韦济尼埃作为他们的发言人出场了——公开攻击中央委员会的路线。收编在本卷附录中的《给〈佛尔维耶回声报〉的信》②说明了同他们争论的主要问题。这封公开的信是1866年初在马克思的支持下由海·荣克起草的。海·荣克是中央委员会的敏捷的瑞士通讯书记,他越来越遵照马克思的指示办事,称职地担任了伦敦代表会议各次团结一致会议的主席,后来经过马克思的努力,他被推选为日内瓦代表大会的主席。1866年春天,马志尼的支持者提出最后一个永远没有结果的请求,要求按照他们的思想确定中央委员会的路线。在1866年3月13日的一篇关于马志尼对国际工人协会的态度的发言③中马克思强调指出,这场争论涉及的是国际这个工人组织的明确的阶级立场,这一篇讲话收在了会议记录簿中。

保·拉法格的《社会斗争》一文证明了马克思及其战友们在历次讨论中为使国际的干部们获得关于阶级斗争的理论认识而付出的努力。文章中刊登了由马克思直接参加写成的部分《理论的运动》。这篇论文

---

① 《马克思恩格斯全集》历史考证版第1部分第20卷,第453—476页。
② 参看《马克思恩格斯全集》第16卷,北京:人民出版社1964年版,第586—596页。
③ 参看《马克思恩格斯全集》第16卷,北京:人民出版社1964年版,第597—598页。

中用从马克思的著作《哲学的贫困》中摘录的论述阐明了唯物主义的观点,即工人阶级和资产阶级之间的斗争必然从资本主义生产关系中产生,国际应当使这种斗争具有组织性和自觉性。同时,在日内瓦代表大会的准备阶段——预期在这一阶段首先要展开同蒲鲁东主义者的论战——工人干部的注意力都被引向马克思反对蒲鲁东的论战文章。拉法格尽管起初持蒲鲁东主义的观点,这时也紧紧跟随马克思,为他承担了书记工作,并且发展成为马克思在政论工作上的除埃卡留斯之外最有才能的战友。

这一时期,在马克思的参加下第一次为那些说法语的、大多倾向于蒲鲁东主义的国际成员精确地翻译了《成立宣言》和《协会临时章程》。译文同海·荣克和保尔·拉法格在马克思的支持下撰写的文章《国际工人协会的发展概观》一起发表于在布鲁塞尔编辑出版的流亡者的报纸《左岸》上。《国际工人协会的发展概观》一文描述了国际不断进展的组建过程的全貌,并且是第一份以马克思的观点记载国际历史的文件。

在第一次代表大会前夕,1866年夏天的普奥战争使国际工人协会中央委员会面临这样的任务:努力使欧洲工人对军事冲突取得共同的立场。中央委员会在许多次会议上讨论了对这场战争的态度问题。在这些会议上,马克思多次发言。正如《临时中央委员会会议记录簿》表明的那样,马克思既反对中央委员会的一些英国会员对俾斯麦的政策持不批判态度,又反对那些受蒲鲁东主义影响的法国会员们对争取建立统一的德意志民族国家的斗争缺乏理解。1866年7月17日在马克思的影响下通过的决议,证明这场冲突是两个王朝争夺在德国的统治权的斗争。决议号召欧洲的工人"团结起来,以便从团结中汲取为工人的社会解放和政治解放所必须的力量"①。

恩格斯在他发表于《曼彻斯特卫报》上的《德国战争短评》中再

---

① 《马克思恩格斯全集》第44卷,北京:人民出版社1982年版,第659页。

次试当军事科学家。起初他把奥地利的军队视为卓越的军队,这是完全看错了,但是后来他明确指出了导致普鲁士军队在这场战争中迅速取得胜利和为"自上层"统一德意志开辟道路的诸多因素。

至此在国际工人协会中就经济斗争和政治斗争问题展开的几次讨论必须在日内瓦代表大会上得出结论。为此,马克思拟写了决议草案,即《临时中央委员会就若干问题给代表的指示》,这些决议草案应得到代表大会上代表们的支持。在1866年7月和8月,中央委员会及其小委员会就代表大会的日程举行的数星期讨论之后,马克思所写的《指示》被作为正式报告在大会上宣读了。就在伦敦代表团出发之前不久,拉法格将《指示》译成了法文,题为《中央委员会报告。关于1865年9月代表会议研究的若干问题》。在《临时中央委员会就若干问题给代表的指示》中,马克思重点对在协会成立文献中只是泛泛概述了的国际工人协会的纲领作了具体论述。用马克思自己的话说,他的论述局限于"这样几点,这几点使工人能够直接达成协议和采取共同行动,而对阶级斗争和把工人组织成为阶级的需要则给以直接的滋养和推动"①。他拟定了国际工人运动的第一个最低纲领,这是一个符合工业无产阶级的需要并以《资本论》的理论认识为基础的纲领。

在《指示》中的"在协会帮助下实现劳资斗争中的国际联合行动"这一条中,马克思突出评价了工人在反对企业主的干涉而进行的国际间互助行动中所取得的经验,并且再次强调了这种互助行动的必要性。为了给予工人的共同斗争以坚实的科学基础,马克思建议,由工人阶级自己对工人的生活条件进行国际范围统计调查,他为此提出一份调查表。

"工作日的限制"这一条主张为争取工作日的缩短开展坚决的斗争,马克思指出,缩短工作日是工人阶级进一步奋斗的先决条件。在资本主义生产和资本主义剥削的方法进一步由外延过渡到内涵的情况下,通过立法限制工作日就愈加重要了。马克思在为日内瓦代表大会起草的

---

① 《马克思恩格斯全集》第31卷,北京:人民出版社1972年版,第533页。

决议提案中着手研究八小时工作日的要求,这是北美工人在 1865 年美国内战结束后开始明确提出的第一个要求。在决议提案中马克思同时声明八小时工作日是整个资本主义世界的工人的斗争目标,当然它远非眼下就能达到的目标。后来,1889 年在巴黎召开的国际社会主义者代表大会,即第二国际成立大会,继承了这个要求,八小时工作日因而成为"五·一"节的口号。

在"男女儿童和少年的劳动"这一条中,马克思向日内瓦代表大会提出了反对有损健康地和过度地使用少年和儿童的措施。无产阶级知道:"他们阶级的未来,从而也是人类的未来,完全取决于正在成长的工人一代的教育。"[①] 正值许多国家探讨并实行一系列旨在建立一种适应工业资本主义的需要的教育制度的教育改革之时马克思明确提出了由他制定的工人阶级的教育方案的基本特点。马克思在《资本论》第 1 卷中就认识到,培养全面发展的人是大工业的要求,并且是未来教育的目标。根据这一认识,马克思提出了纲领性的要求:"把有报酬的生产劳动、智育、体育和综合技术教育结合起来。"[②] 与此同时,马克思还为综合技术教育下了定义。

《指示》中关于"合作劳动"的一条包括马克思所写的有关合作社运动的最简要的纲领性论述。马克思强调了《成立宣言》的这个基本思想:"那种专制的、产生赤贫现象的、使劳动附属于资本的现代制度将被共和的、带来繁荣的、自由平等的生产者联合的制度所代替的可能性。"[③] 这就要求把国家政权从资本家和地主手中转移到生产者本人的手中。正如在其他一些以合作社运动这一未来生产方式的萌芽为出发点的论述中那样,马克思通过合作社运动在这方面具有的特点,强调在一个社会主义的社会里,直接的生产者必须是生产过程的和全部社会关系

[①] 《马克思恩格斯全集》第 16 卷,北京:人民出版社 1964 年版,第 217 页。
[②] 《马克思恩格斯全集》第 16 卷,北京:人民出版社 1964 年版,第 218 页。
[③] 《马克思恩格斯全集》第 16 卷,北京:人民出版社 1964 年版,第 219 页。

的真正主人。

在"工会(工联)。它们的过去、现在和未来"这一条中,马克思就这样一个时期——在这一时期,大不列颠已有数十万工人组成了工会,美国有数万工人组成了工会,在其他一些国家,工会联合会正在创建——表述了他迄今为止对这些变得越来越重要的工人组织所作的最为精辟的评价。决议重点强调了工会抵御资本的不断干涉的必要性,同时为工会指出了争取民主和社会进步的斗争中的远大前景。工会的任务是:"学会作为工人阶级的组织中心而自觉地进行活动,把工人阶级的彻底解放作为自己的伟大任务。工会应当支持这方面的任何社会运动和政治运动。"①

由于做了上述这些准备工作,在国际工人协会日内瓦代表大会上,马克思的政策获得了重大成功。这次代表大会是1866年9月3日至8日召开的,来自大不列颠、法国、德国和瑞士的60名代表出席了会议。虽然法国的代表和大多数瑞士罗曼语区的代表拥护蒲鲁东的观点,巴黎的代表在自己的呈文中就议程的各点提出了自己的立场,并且在讨论中花言巧语地维护这种立场,以致大会作出了一些带有蒲鲁东主义影响的决议。但是,不列颠代表们给中央委员会的提案得到了德国代表和德国—瑞士代表的支持。因此,《临时中央委员会就若干问题给代表的指示》中提出的决议草案中大多数条文都被大会通过了。《指示》中的决议草案是由杜邦和埃卡留斯分别用法文稿和德译文宣读并论证的。

确定的章程被大会通过,这一点也很重要。这个章程以马克思起草的《临时章程》为基础并补充了组织条例一项。随着章程的通过,国际工人协会的组织原则具体化的过程开始了。这个过程与协会纲领的制定有着紧密的交互作用,并且符合马克思的目的。马克思就组织问题向代表们作了重要的指示。代表大会之后,马克思受总委员会的委托着手编辑章程,即《日内瓦代表大会通过的国际工人协会章程(1866年)》

---

① 《马克思恩格斯全集》第16卷,北京:人民出版社1964年版,第221页。

的正式法文文稿，在他的协助下，拉法格完成了这份正式法文文稿。

日内瓦代表大会结束了国际工人协会的创建阶段。它作为历史上第一次正式的国际性工人代表大会，同时为国际性经验交流的文化奠定了基石。在国际工人协会各次年会上广泛地、民主地讨论所有关于工人运动的基本问题，这种方法真正促进了经验交流文化的发展。由此而得到促进的各国工人组织在理论上的合作，同它们在经济斗争和政治行动中实际地相互支持，具有同等重要的意义。因此，总委员会根据代表们的决议用法文和英文发表的大会正式报告值得关注。马克思从一开始就强调了作为国际的最高机构的代表大会的重要性，他还参加拟定关于第一次代表大会的正式报告并起了决定性作用。参加这项工作的主要还有他的战友杜邦、埃卡留斯和荣格。

本卷附录中的《日内瓦代表大会的报告（1866年）》① 是第一次在《马克思恩格斯全集》中发表的，它们反映出国际工人运动为自己的解放斗争的目标和道路寻求明确的认识；反映出许多进步的代表接受了马克思主义的基本观点，这一切都在日内瓦代表大会的多次辩论和各种决议中表现出来。马克思和他的战友们以大会的会议记录和其他原始材料为基础，极为认真地起草了两份报告，对此，马克思在会议记录簿上所作的旁批起了重要的指导作用。英国代表们的讨论内容被用法文记录下来，虽然有的记录极简要，但马克思认为它们是很重要的。为了尽可能准确地、完整地复制他们的讨论内容，小委员会的代表们被请求，必要时对讨论记录进行补充。因而，代表大会的报告为在日内瓦的中央委员会成员如何拥护马克思拟定的指示这一事实提供了最全面的情况报告。

在全部有关日内瓦代表大会的报告中，《总委员会的报告》或者说《临时中央委员会就若干问题给代表的指示》是首次发表。马克思及其

---

① 原文为法文和英文。参看《马克思恩格斯全集》历史考证版第1部分第20卷，第651—679、653—712页。——译者注

战友先于复制大会讨论内容发表了这个《指示》。为了发表英国代表大会报告，马克思对《指示》进行了重新编辑。他还对几个附录的编排施加了影响。在报告的法文文稿的附录中收载全国劳工同盟成立大会——大会于1866年8月22—26日在巴尔的摩召开——的几个重要决议，这肯定是受了马克思的影响。此次代表大会对于美国工人运动的形成同日内瓦代表大会对于欧洲工人运动一样，具有重要的意义。这两次代表大会的决议在重大问题上都完全一致。显然由马克思为《1866年美国工人代表大会决议》写的前言所依据的是这一句话："无产阶级由于具有共同的联系，由于有必要组织起来反对资本家阶级和实现彻底的解放而团结一致。"①

日内瓦代表大会之后，国际工人协会的工作开始了一个新的阶段，这个阶段的特点表现在协会成员数目的增加和各项决议中社会主义的纲领性要求逐步得到贯彻方面。这些发展在直至洛桑代表大会的一年里初步显现出来。由于1866年4月爆发并且一直持续到1867年秋天的经济危机，经济斗争加剧了。同时，特别是由于俾斯麦创建的北德意志联邦和波拿巴法国之间发生战争的危险逼近，给国际工人协会带来了新的政治任务。国际必须战胜企业主的进攻；战胜政府的镇压；还要战胜来自资产阶级新闻界和学术界的代表人物的攻击。

《国际工人协会总委员会会议记录（1866年9月18日至1867年8月29日）》同临时中央委员会的记录簿一样，被收录在本卷的附录中。它们反映了有关马克思在这一时期所做工作的重要情况。马克思的威望在第一次代表大会的成效卓著的过程中得到了提高。1866年9月25日选举总委员会的干部时，他被推举为主席。马克思继而把这个职位转让给了英国人乔·奥哲尔。但是，鉴于同工联主义的代表人的分歧日益扩大，马克思又关心着总书记威廉·兰德尔·克里默被与他观点相近的彼得·福克斯取代，在1867年7月埃卡留斯被推选担任这一重要

---

① 《马克思恩格斯全集》历史考证版第1部分第20卷，第677页。

职务的事宜。这样一来，马克思就能够进一步巩固他在总委员会中的地位。当然，马克思时常特别忙，他要完成《资本论》第1卷的付排稿；要到德国去联系出版商，加之接踵而来的校对和缔约工作，他没能参加1867年3月19日至6月2日召开的总委员会会议。

马克思特别注重依靠他的战友们的支持，帮助国际协会的干部和工人进一步从理论上认识日益展开的无产阶级阶级斗争的条件和要求。在1867年2月28日伦敦德意志工人教育协会纪念会上，马克思作了演讲。他的老战友弗·列斯纳把演讲记录写进了会议报道。马克思在演讲中阐述了他对经济学学说的基本认识，并且强调指出了工人阶级和资产阶级的对立。马克思在1867年7月23日总委员会会议上的发言记录被载入有关会议的新闻报道中，又从新闻报道转载入总委员会记录簿中。① 在发言中，马克思借助一本英国新蓝皮书的统计说明，驳斥了许多资产阶级报纸认为工联的活动及其争取提高工资的斗争损害了英国工业在世界市场上的地位的论断。马克思利用官方统计材料的另一个例子是在本卷第一次发表的他的新闻简讯：《统计学家奥托·许布纳尔论德国群众的贫困》。

在日内瓦代表大会上，英国的总委员会委员詹·卡特说，工人们需要"从工人阶级的立场研究政治经济学"的人，他们能"粉碎资产阶级的谬论"。② 如果说，这种认识主要是通过马克思的报告《价值、价格和利润》唤起的，那么，它在《资本论》出版之前主要受到了分为15篇的一组文章《一个工人对国会议员约翰·斯图亚特·穆勒先生所赞同和主张的某些政治经济学观点的驳斥》的促进。这组文章是由埃卡留斯在马克思的协助下为伦敦报纸《共和国》撰写的。这一组第一次在本卷附录中重新发表的文章是当时最全面的、内容最完整的理论文献，它们都是由共产主义者同盟中产生的有才干的工人干部在马克思的

---

① 《马克思恩格斯全集》第16卷，北京：人民出版社1964年版，第610—611页。
② 《马克思恩格斯全集》历史考证版第1部分第20卷，第706页。

指导下撰写的。这一组文章矛头针对当时最著名的自由派经济学家,因为许多英国的工会领导人曾把他的著作当作工联主义的理论基础。这组文章论证了国际工人协会的目标。

埃卡留斯在一篇由马克思指导但主要是他独立撰写的论战文章中,批判了穆勒学说的反历史的和唯心主义的特点。考虑到英国工人所受到的教育以及他当时还不能运用已趋于成熟的马克思的经济学说的范畴体系,他以引人注目的方式表述了历史唯物主义的、辩证的思想。这组文章的最后几篇是专门剖析穆勒的改良法的。他在第13—15篇文章中对马尔萨斯的人口论展开的争论值得注意。穆勒及其拥护者正是以马尔萨斯人口论为出发点,劝说工人限制出生率或者移居到人口稀少的地区,这样就能够得到较高的工资。恩格斯早在《国民经济学批判大纲》和《英国工人阶级状况》中就开始对马尔萨斯展开论战,这场争论是恩格斯同马尔萨斯论战的继续。这些论战文章是当时发表的为数不多的马克思主义的作品,它们坚决地、集中地抨击了马尔萨斯的"人口规律"。

研究的结束部分使人们在纵观自古代东方文化高度发展以来人类历史上伟大社会变革的同时特别清楚地了解到马克思所施加的影响,在这部分中,埃卡留斯得出了这样的结论:"现代国家产生了一个革命的阶级,即现代工人阶级,它具有摧毁这个国家的传统制度并在同一个国家建立一种更加优越的制度所应有的全部能量、策略和勇气。"①

当马克思自1867年7月中旬开始又能够参加为国际工人协会洛桑代表大会起草总委员会的文献时,他最关注的事情是,使进步的工人们更进一步理解他们斗争的必要性及其原则目标。马克思在完成《国际协会总委员会致会员、各附属团体和全体工人的呼吁书》②的法文译稿

---

① 《马克思恩格斯全集》历史考证版第1部分第20卷,第761页。
② 这份呼吁书在《马克思恩格斯全集》(人民出版社1964年版)16卷中的全称为《总委员会关于洛桑代表大会的呼吁书》,参看该卷第606—609页。

时,大幅度地修改了为召开代表大会用英语发布的呼吁书,因此,人们认为他——正如本卷首次证实的那样——应是这部法文本呼吁书的真正的作者。呼吁书使人们对自日内瓦代表大会以来国际工人协会活动的全貌获得深刻的印象,它是马克思为国际的历史编纂方面所作的一系列贡献的继续。《国际工人协会总委员会向1867年洛桑代表大会的报告》①——特别是在它的概括性章节中可以使人认出马克思的手笔——对于国际工人协会在英国、在欧洲大陆各国以及在美国进一步发展的情况,作了前所未有的极为详细的报道。

在这些文献中,马克思从1866—1867年危机的经过中得出了结论:随着资本主义的发展,工人阶级和资产阶级之间的斗争也展开了。起初只是在英国这个资本主义的祖国,随之一个国家接着一个国家进入了两个阶级之间公开斗争的时期,"进入一个我们称之为英国式的阶段的时候"②。马克思在运用刚刚排印的《资本论》第1卷中的一个基本思想时,强调说,资本主义胁迫工人沦为机器的纯粹附属物:"为了恢复自己的个性,工人不得不团结起来,建立协会以保障自己的工资和生活。"③首先必需认识到:"全世界的劳动者只有团结一致,才能获得彻底的解放。"④在1867年9月2日至8日召开的国际工人协会洛桑代表大会上,总委员会的这份报告得到了代表们的一致同意。但是,这次代表大会的大部分决议仍然带有蒲鲁东观点的烙印。

本卷中有几篇文章证明了,马克思是如何确定工人运动对国际关系的立场的,这些国际关系因普奥战争的结果而发生了实质性变化。鉴于德国容克大资产阶级的势力的权力日益增加,马克思在1867年1月22日于伦敦召开的国际波兰会议上的演说中强调说明了他所主张的对波兰问题的立场,它们在日内瓦代表大会上是不可能被接受的。特别重要的

---

① 《马克思恩格斯全集》第16卷,北京:人民出版社1964年版,第614—634页。
② 《马克思恩格斯全集》第16卷,北京:人民出版社1964年版,第606页。
③ 《马克思恩格斯全集》第16卷,北京:人民出版社1964年版,第607页。
④ 《马克思恩格斯全集》历史考证版第1部分第20卷,第787页。

是,马克思进一步阐明了工人在争取和平的斗争中的作用,与此同时,他把这种和平同资产阶级的和平主义作了明确划分。

1867年春天,北德意志联邦和波拿巴法国之间战争的危险明朗化了,这场战争必将成为欧洲自拿破仑一世战役以来最严重的战争,这个时候,德国和法国的工人奋力反对爆发战争,大不列颠、瑞士、意大利和比利时的工人支持他们的和平要求。资产阶级自由派政治家和小资产阶级民主派政治家也在这种精神的影响下准备筹建一个国际和平与自由同盟,还要求国际工人协会参加为此在日内瓦召开的和平代表大会。但是,他们力图把国际并入同盟,从而损害工人运动的独立性。

在1867年8月13日总委员会一次报告中,马克思对此进行了干预,这个报告在一个由埃卡留斯补写进会议记录簿的新闻报道中留传下来。马克思有关国际工人协会对日内瓦和平代表大会的态度的发言,对形成独立的工人运动的和平斗争作出了重大的贡献。他在发言中提醒人们注意:资本主义国家的军队在扩充,主要目的是镇压工人阶级。他强调指出,把战争从社会生活中清除掉,是国际工人运动的伟大目标:"国际工人协会代表大会本身就是和平的大会,因为各国工人阶级的团结最终应该使各国之间的战争成为不可能。"[①]

在这个形势下,马克思把保证年轻的工人国际的独立性视为他最重要的任务。此外,他认为,进行一场反对反革命沙皇的战争是可能的,因此,他不惜任何代价反对拥护一种和平的人。在这种观点的指导下,他不可能对资产阶级力量所做的和平努力的进步方面作出正确的评价,而主要是批评资产阶级和平主义的限制。他认为,国际工人协会的正式代表去参加日内瓦代表大会是不恰当的,因为它将成为资产阶级的民主的国际和平和自由同盟成立大会。然而,他认为,让尽量多的洛桑代表大会的代表以个人身份出席这次和平大会,并且在会上发表他们的和平主张,这是可行的。

---

① 《马克思恩格斯全集》第16卷,北京:人民出版社1964年版,第612页。

工人运动还必须积累广泛的经验，以便学会在和平斗争中掌握政治独立性和实行广泛结盟政策的辩证法。工人运动由于转变为独立的、有国际性组织的政治力量，它在各国的和平关系中越来越起着坚定的先锋作用，这一点马克思在成立宣言中就强调过。一个突出的证明就是欧·杜邦在1867年9月10日于日内瓦召开的国际和平和自由同盟的成立大会上所作的演说，它是在马克思的影响下写成的。这篇演说在本卷附录中发表，按时间顺序排列，它是最后一篇文章。在这个《在1867年日内瓦和平代表大会上的演说》中，任洛桑代表大会主席的杜邦解释说："工人无疑是永久和平的热情的拥护者，因为在战场上，炮火将冲着工人狂吠，而战争的开支则是由工人的日夜劳动所得来支付的。"① 国际工人协会不仅在它的创建过程中取得了成功，而且在1866—1867年危机年代的艰苦条件下坚持下来并得到了巩固。在这一方面，马克思和他的战友们起到了重要的作用。马克思的主要著作《资本论》第1卷于1867年9月中旬出版，它为国际工人协会在国际中继续贯彻社会主义的纲领要求的活动提供了强大的精神武器。

---

① 《马克思恩格斯全集》历史考证版第1部分第20卷，第788页。

附录Ⅱ 延伸阅读书目

1. 〔德〕马克思、恩格斯：《马克思恩格斯〈资本论〉书信集》，北京：人民出版社1975年版。

2. 〔德〕燕妮·马克思：《动荡生活简记》，见中央编译局编译：《忆马克思》，北京：人民出版社2005年版。

3. 〔苏〕列宁：《马克思恩格斯著作的发表和出版》，周维译，北京：人民出版社1975年版。

4. 〔德〕梅林：《马克思传》，樊集译，北京：人民出版社1965年版。

5. 〔英〕戴维·麦克莱伦：《马克思传》，王珍译，北京：中国人民大学出版社2006年版。

6. 马恩列斯研究室编：《马克思恩格斯著作在中国的传播》，北京：人民出版社1983年版。

7. 〔苏〕阿·伊·马雷什：《马克思主义政治经济学的形成》，刘品大译，成都：四川人民出版社1983年版。

8. 〔苏〕彼·费多谢耶夫：《卡尔·马克思》，孙家衡等译，北京：生活·读书·新知三联书店1980年版。

9. 〔苏〕大·约·卢森贝：《政治经济学史》（上下），翟松年等译，北京：生活·读书·新知三联书店1959年版。

10. 〔德〕考茨基：《马克思的经济学说》，区维译，北京：生活·读书·新知三联书店1958年版。

11. 〔苏〕维·索·维戈茨基：《〈资本论〉创作史》，周成启等译，福州：福建人民出版社1983年版。

12. 〔德〕曼弗雷德·克利姆：《马克思文献传记》，李成毅等译，郑州：河南人民出版社1992年版。

13. 〔法〕雅克·阿塔利：《卡尔·马克思》，刘成富等译，上海：上海人民出版社2010年版。

14. 〔英〕艾瑞克·霍布斯鲍姆：《革命的年代》，王章辉等译，南京：江苏人民出版社1999年版。

15. 〔德〕海因里希·格姆科夫等：《马克思传》，侯廷镇等译，北京：人民出版社2000年版。

16. 〔美〕胡克：《对卡尔·马克思的理解》，徐崇温译，重庆出版社，1989年版

17. 〔德〕威廉·李卜克内西：《纪念卡尔·马克思——生平与回忆》，见中央编译局编译：《忆马克思》，北京：人民出版社2005年版。

18. 〔法〕路易·阿尔都塞、艾蒂安巴里巴尔：《读〈资本论〉》，李其庆、冯文光译，北京：中央编译出版社2001年版。

19. 〔美〕J.A.熊彼特：《从马克思到凯恩斯》，韩宏等译，南京：江苏人民出版社2003年版。

20. 〔美〕戴维·施韦卡特：《反对资本主义》，李智、陈志刚等译，北京：中国人民大学出版社2002年版。

21. 〔日〕不破哲三：《〈资本论〉与现代》，于俊文等译，济南：山东人民出版社1992年版。

22. 〔美〕马歇尔：《经济学原理》，朱志泰译，北京：商务印书馆1975年版。

23. 〔美〕萨缪尔森：《经济学》，萧深译，北京：商务印书馆2003年版。

24. 聂锦芳：《清理与超越：重读马克思文本的意旨、基础与方法》，北京：北京大学出版社 2005 年版。

25. 陈乃昌：《马克思主义发展史话》，天津：天津人民出版社 2002 年版。

26. 胡永钦等：《马克思恩格斯著作在中国传播的历史概述》，见《马克思恩格斯著作在中国的传播》，北京：人民出版社 1983 年版

27. 何锡麟：《回忆在延安翻译马列经典著作的情况》，见《马克思恩格斯著作在中国的传播》，北京：人民出版社 1983 年版。

28. 中国青年出版社编辑：《马克思恩格斯列宁斯大林著作介绍》，北京：中国青年出版 1958 年版。

29. 《〈马克思恩格斯选集〉简要介绍》，沈阳：辽宁人民出版社 1974 年版。

30. 张一兵：《回到马克思——经济学语境中的哲学话语》，南京：江苏人民出版社 1999 年版。

31. 陈岱孙：《从古典经济学派到马克思——若干主要学说发展论略》，上海：上海人民出版 1981 年版。

32. 卢友章、李宗正、吴易风：《资产阶级政治经济学史》，北京：人民出版社 1975 年版。

33. 肖灼基：《马克思恩格斯经济学论著概说》，北京：经济科学出版社 1987 年版。

34. 汤在新：《从经济学手稿到〈资本论〉》，北京：中国社会科学出版社 1992 年版。

35. 汤在新：《马克思经济学手稿研究》，武汉：武汉大学出版 1993 年版。

37. 顾海良：《马克思经济思想的当代视界》，北京：经济科学出版社 2005 年版。

38. 马健行、郭继严：《〈资本论〉创作史》，济南：山东人民出版

社 1983 年版。

39. 张钟朴：《国外经济学研究者关于〈资本论〉结构计划的不同见解》，载《〈资本论〉研究资料和动态》1983 年第 4 集。

40. 张雄：《西方近现代经济哲学发展的历史与现状》，载《哲学动态》2003 年第 2 期。

41. 徐洋：《〈资本论〉的四个手稿》，载《国外理论动态》2002 年第 8 期。

42. 顾海良：《西方学者对〈资本论〉结构形成的研究》，载《马克思恩格斯研究》1992 年第 8 期。

图书在版编目（CIP）数据

马克思《工资、价格和利润》研究读本／史清竹著．—北京：中央编译出版社，2017.12
（马克思主义经典著作研究读本／杨金海，李惠斌主编）
ISBN 978-7-5117-3491-4

Ⅰ.①马… Ⅱ.①史… Ⅲ.①《工资、价格和利润》-马克思著作研究 Ⅳ.①A811.211

中国版本图书馆 CIP 数据核字（2017）第 317314 号

马克思《工资、价格和利润》研究读本

出 版 人：	葛海彦
出版统筹：	贾宇琰
责任编辑：	杜永明
责任印制：	刘　慧
出版发行：	中央编译出版社
地　　址：	北京西城区车公庄大街乙 5 号鸿儒大厦 B 座（100044）
电　　话：	（010）52612345（总编室）　（010）52612342（编辑室）
	（010）52612316（发行部）　（010）52612317（网络销售）
	（010）52612346（馆配部）　（010）55626985（读者服务部）
传　　真：	（010）66515838
经　　销：	全国新华书店
印　　刷：	北京汇林印务有限公司
开　　本：	787 毫米×1092 毫米　1/16
字　　数：	192 千字
印　　张：	13.75
版　　次：	2017 年 12 月第 1 版
印　　次：	2017 年 12 月第 1 次印刷
定　　价：	55.00 元
网　　址：	www.cctphome.com　　邮　箱：cctp@cctphome.com
新浪微博：	@中央编译出版社　　微　信：中央编译出版社（ID：cctphome）
淘宝店铺：	中央编译出版社直销店（http：//shop108367160.taobao.com）　（010）52612349

本社常年法律顾问：北京市吴栾赵阎律师事务所律师　闫军　梁勤
凡有印装质量问题，本社负责调换。电话：（010）55626985